The Monster of Black Wind Mountain

The Monster of Black Wind Mountain

A Story in Simplified Chinese and Pinyin,
1200 Word Vocabulary Level

Book 7 of the *Journey to the West* Series

Written by Jeff Pepper
Chinese Translation by Xiao Hui Wang

IMAGIN8
PRESS

Published in the United States by Imagin8 Press LLC, Verona, Pennsylvania, US. For information, contact us via email at info@imagin8press.com, or visit www.imagin8press.com.

Our books may be purchased directly in quantity at a reduced price, contact us for details.

Imagin8 Press, the Imagin8 logo and the sail image are all trademarks of Imagin8 Press LLC.

Written by Jeff Pepper
Chinese translation by Xiao Hui Wang\
Cover design by Katelyn Pepper and Jeff Pepper
Book design by Jeff Pepper
Artwork by Next Mars Media, Luoyang, China
Audiobook narration by Junyou Chen

Based on the original 14th century story by Wu Chen'en, and the unabridged translation by Anthony C. Yu

ISBN: 978-1733165020
Version 015

ACKNOWLEDGMENTS

We are deeply indebted to the late Anthony C. Yu for his incredible four-volume translation, *The Journey to the West* (1983, revised 2012, University of Chicago Press).

Many thanks to Choo Suan Hee for his help in reviewing the manuscript, and the team at Next Mars Media for their terrific illustrations.

AUDIOBOOK

A complete Chinese language audio version of this book is available free of charge. To access it, go to YouTube.com and search for the Imagin8 Press channel. There you will find free audiobooks for this and all the other books in this series.

You can also visit our website, www.imagin8press.com, to find a direct link to the YouTube audiobook, as well as information about our other books.

PREFACE

This book is based on chapters 15, 16 and 17 of *Journey to The West* (西游记, xī yóu jì), an epic novel written in the 16th Century by Wu Chen'en. *Journey to The West* is loosely based on an actual journey by the Buddhist monk Tangseng (called Xuanzang and Sanzang in earlier books), who traveled from the Chinese city of Chang'an westward to India in 629 A.D. and returned 17 years later with priceless knowledge and texts of Buddhism. Over the course of the book the band of travelers face the 81 tribulations that Tangseng had to endure to attain Buddhahood.

Each book in our *Journey to the West* series covers a short section of the original 2,000-page novel.

This story, the seventh in our series, describes the first few months of the journey, following all the preparations and adventures described in the first six books.

Many of the elements of this book will be familiar to readers of the previous six books: encounters with adversaries who appear to be monsters but are in fact animal spirits taking human (or human-like) form; timely assistance provided by ordinary-seeming people who disappear afterwards and identify themselves as godlike beings; the apparent terror and helplessness displayed by Tangseng in the face of danger; the ferocious fighting ability of Sun Wukong; and the intervention by Guanyin, the Buddhist Bodhisattva (one who has reached nirvana, the ultimate goal of Buddhism) who oversees and protects them on their journey.

As you read these books, you might have noticed that the monsters in *Journey to the West* are unlike the monsters in European mythology. Of course, all monsters are scary and dangerous regardless of where they come from. But Chinese monsters are never quite what they seem to be, and they often change form during battle or after death. In this book, for example, we meet a river dragon and a bear monster who are definitely not what they appear to be.

Monsters from the Western tradition are more dependable. The Western tale that's the closest analogue to this story is probably Homer's epic poem *The Odyssey*, composed 2700 years ago in Greece. The hero, Ulysses, attempts to return home from the Trojan War, only to encounter one challenge after another placed in his path by the gods. Notable monsters include the one-eyed Cyclops, the beautiful but deadly Sirens, and the giant man-eating Laestrygonians. All are deadly in their own ways, but they don't change form. And when they are killed, they retain their original form afterwards.

Another ancient Western story, the epic Anglo-Saxon poem *Beowulf* from 700-1000 AD, also features a horrifying giant monster, Grendel. But again, Grendel doesn't change form, he's still Grendel even after death.

Other European monsters like the golem, and traditional American mythical creatures like the Headless Horseman, Bigfoot, the Jersey Devil and the Mothman, are certainly scary but they also never change form.

Chinese monsters are more elusive. They're never quite what they appear to be. Often they are spiritual beings condemned by the gods to suffer on earth in order to pay for their mistakes and, in time, achieve enlightenment. Others are embodiments of animals or other natural forces, such as the trio we encounter in the second half of this story. And not only do they change appearance but they also frequently change role from adversary to ally, unlike Western monsters who tend to start off hostile and stay that way.

There isn't a single obvious reason for this, but it probably comes from differences in spiritual tradition. Western culture is rooted first in the practical polytheism of the Greeks and Romans and later the strict monotheism of Christianity, which allow for scary monsters but tend to treat them as simply large beasts. But ancient China's thought was formed by Daoism, Buddhism, and the pre-Buddhist animist religions, all of which are more accepting of nature spirits, ghosts, and general ambiguity of form. In China, a monster you meet on the road is probably not just a big beast, but is more likely a spiritual being or a nature spirit, and it could change from your worst enemy to your best friend.

Another interesting difference: Chinese monsters nearly always have a higher being who watches them, and who can (and often does) step in and affect their behavior at will. By comparison, Western monsters are all pretty much self-employed, standing alone and reporting to no one. Again, the reasons for this are unclear, but it's worth pondering that the *Dao De Jing*, the founding work of

Daoism and written at roughly the same time as *Journey to the West*, tells us in verse 73:

> *Heaven's net is extremely vast,*
> *Its mesh is wide but it doesn't fail.*

Chinese monsters are embedded in the vast net of the universe, connected upwards to heaven and the gods and downward to the human world.

All of the stories in this series are all written in simple language suitable for intermediate Chinese learners. Our core vocabulary is 1,200 words, made up of the 600 words of HSK-3 plus another 600 or so words that were introduced in the first six books of the series. These words are all in the glossary at the back of the book.

Whenever we introduce a new word or phrase, it's defined in a footnote on the page where it first appears, and also appears in the glossary.

In the main body of the book, each page of Chinese characters is matched with a facing page of pinyin. This is unusual for Chinese novels but we feel it's important. By including the pinyin, as well as a full English version and glossary at the end, we hope that every reader, no matter what level of mastery they have of the Chinese language, will be able to understand and enjoy the story we tell here.

Careful readers will notice that the English translation sometimes doesn't exactly match the Chinese. This is because we've tried to express the story in both languages in the most natural style, and sometimes it's just not possible (or desirable) to translate word-for-word from one language to the other.

Please visit our website, www.imagin8press.com, which contains a link to the full (and free) audio recording of this book. You can also sign up to be notified about new books in this series as they become available.

We hope you like this book, and we'd love to hear from you! Write us at info@imagin8press.com.

Jeff Pepper and Xiao Hui Wang
Pittsburgh, Pennsylvania, USA
November 2019

The Monster of Black Wind Mountain

黑风山的妖怪

Hēi Fēng Shān De Yāoguài

Wǒ qīn'ài de háizi, zuótiān wǎnshàng wǒ gěi nǐ jiǎngle Tángsēng de gùshì, jiǎngle tā hé tā de túdì péngyǒu Sūn Wùkōng, jiùshì nàgè hóu wáng, yào qù xīyóu de gùshì. Jīntiān wǎnshàng wǒ yào jiǎng tāmen lǚxíng zhōng qián jǐ gè yuè fāshēng de yìxiē shìqing.

Jīntiān wǎnshàng de gùshì cóng nàge dōngtiān kāishǐ. Hánlěng de tiānshàng zhèng xiàzhe xuě, xībiān chuī lái qiángdà de fēng. Tángsēng qízhe tā de mǎ. Sūn Wùkōng de mǎshàng fàngzhe tāmen de xínglǐ, Sūn Wùkōng zǒu zài mǎ de shēnbiān.

Tángsēng tīngdàole liúshuǐ shēng, tā shuō: "Wǒ tīng shuō zhège dìfāng de míngzì jiào Yīng Chóu Jiàn. Wǒ juédé wǒ xiànzài néng tīng dào shuǐ shēng."

黑风山的妖怪

我亲爱的孩子，昨天晚上我给你讲了<u>唐僧</u>[1]的故事，讲了他和他的徒弟朋友<u>孙悟空</u>，就是那个猴王，要去西游的故事。今天晚上我要讲他们旅行中前几个月发生的一些事情。

今天晚上的故事从那个冬天开始。寒冷的天上正下着雪，西边吹来强大的风。<u>唐僧</u>骑着他的马。<u>孙悟空</u>的马上放着他们的行李，<u>孙悟空</u>走在马的身边。

<u>唐僧</u>听到了流水声，他说："我听说这个地方的名字叫<u>鹰愁涧</u>[2]。我觉得我现在能听到水声."

---

[1] In this book and the rest of the series, we call the monk Tangseng (literally, "the Tang monk"), the name used in the original Chinese version. In previous books he was also called Xuanzang and Sanzang. Joseph Yu's translation uses the Sanskrit name Tripitaka.

[2] 鹰愁涧　　　　Yīng Chóu Jiàn - Eagle Grief Creek

Yíhuì'er tāmen jiù láidàole jiàn biān, dāng mǎ kāishǐ hē shuǐ shí, jiàn zhōng xiǎngle yí dàshēng. Yìtiáo xiǎolóng cóng shuǐ lǐ chūlái. Tángsēng hàipà jíle, tā dǎoxiàle, jìnle shuǐ lǐ. Lóng zhāngkāi le tā de dà zuǐ, yí dà kǒu chīle Tángsēng de mǎ, ránhòu zhuǎnshēn huídàole shuǐ lǐ.

Sūn Wùkōng bào qǐ Tángsēng, bǎ tā fàng zài gāodìshàng. "Shīfu," tā shuō, "nǐ děng zài zhèlǐ. Wǒ qù ná wǒmen de xínglǐ."

"Zhè shuǐ hěn shēn hěn kuān. Nǐ zěnme néng zhǎodào wǒmen de xínglǐ?" Tángsēng wèn.

"Bié dānxīn," Sūn Wùkōng huídá shuō, "zhè búshì wèntí. Nǐ jiù zài zhè'er děngzhe."

Sūn Wùkōng tiào dào kōngzhōng, bǎ shǒu fàng zài yǎnjīng shàng, kànle sìzhōu. Tā kàndàole tāmende xínglǐ. Tā tiào jìn shuǐ lǐ bǎ xínglǐ lā shànglái.

"A, wǒmen xiànzài yào zuò shénme?" Tángsēng kūzhe shuō,

一会儿他们就来到了涧边，当马开始喝水时，涧中响了一大声。一条小龙从水里出来。唐僧害怕极了，他倒下了，进了水里。龙张开了它的大嘴，一大口吃了唐僧的马，然后转身回到了水里。

孙悟空抱起唐僧，把他放在高地上。"师父，"他说，"你等在这里。我去拿我们的行李。"

"这水很深很宽。你怎么能找到我们的行李？"唐僧问。

"别担心，"孙悟空回答说，"这不是问题。你就在这儿等着。"

孙悟空跳到空中，把手放在眼睛上，看了四周。他看到了他们的行李。他跳进水里把行李拉上来。

"啊，我们现在要做什么？"唐僧哭着说，

"Rúguǒ wǒ de mǎ bèi chīle, wǒ jiù zhǐnéng zǒulù. Wǒ zěnme néng zǒuguò zhèxiē shān? Wǒ zěnme néng zǒu yíwàn lǐ de lù qù xīfāng, qù zuò fózǔ yào wǒ zuò de shì ne?"

"A, bié kūle," Sūn Wùkōng shuō, "nǐ tīngqǐlái xiàng gè xiǎo háizi. Nǐ děng zài zhèlǐ, ràng lǎo hóuzi zhǎodào nà tiáo lóng. Wǒ yào tā bǎ wǒmen de mǎ huán gěi wǒmen."

Sūn Wùkōng zhèng shuōzhehuà, yǒu yígè shēngyīn hǎn dào: "Sūn Wùkōng, qǐng búyào shēngqì. Tángsēng, qǐng búyào hàipà. Wǒmen huì bāngzhù nǐmen de. Wǒ shì Jīn Tóu Wèishì. Wǒ dài gěi nǐ liù gè Hēi'àn Shén hé liù gè Guāngmíng Shén. Wǒmen měigè rén huì bāngzhù nǐmen yícì."

"Hǎo de, hěn hǎo," Sūn Wùkōng shuō, "nǐmen zhàogù wǒ de shīfu. Wǒ yào qù zhǎo nà tiáo bèn lóng, ránhòu bǎ wǒmen de mǎ dài huílái." Tā zhàn dé hěn zhí hěn gāo, shǒu lǐ názhe Jīn

"如果我的马被吃了，我就只能走路。我怎么能走过这些山？我怎么能走一万里的路去西方，去做佛祖要我做的事呢？"

"啊，别哭了，"孙悟空说，"你听起来像个小孩子。你等在这里，让老猴子找到那条龙。我要它把我们的马还给我们。"

孙悟空正说着话，有一个声音喊道："孙悟空，请不要生气。唐僧，请不要害怕。我们会帮助你们的。我是金头卫士[3]。我带给你六个黑暗[4]神和六个光明神。我们每个人会帮助你们一次。"

"好的，很好，"孙悟空说，"你们照顾我的师父。我要去找那条笨龙，然后把我们的马带回来。"他站得很直很高，手里拿着金

Gū Bàng, dàshēng hǎn dào: "Wúfǎwútiān de shé, huán wǒ de mǎ! Huán wǒ de mǎ, xiànzài, mǎshàng!"

Lóng zhèngzài jiàn dǐ xiūxi. Tā gānggāng chīle yì pǐ mǎ, zhǐ xiǎng xiūxi, bùxiǎng zuòshì. Dàn dāng tā tīngdào hóuzi duìzhe tā dà hǎn dà jiào shí, tā cóng shuǐ lǐ zǒu chūlái, shuōdào: "Shúi lái dào zhèlǐ, dàshēng mà wǒ?"

"Búyào wèn wèntí. Zhíjiē huán gěi wǒ mǎ!" Sūn Wùkōng huídá shuō. Tāmen kāishǐ dǎle qǐlái. Tāmen dǎle hěn cháng shíjiān. Sūn Wùkōng yòng tā de Jīn Gū Bàng qù dǎ lóng de tóu hé shēntǐ, lóng yào yǎo hóuzi, yòng wěibā hé zhuǎzi shānghài tā. Méiyǒu rén néng yíng zhè chǎng zhàndòu, guòle yíhuì'er, lóng biàn de fēicháng lèile, suǒyǐ tā huídàole jiàn lǐ.

Sūn Wùkōng huídàole Tángsēng nàlǐ, shuō tā méiyǒu bànfǎ dǎ yíng lóng. Tángsēng xiàozhe shuō: "Nǐ yǐqián gàosùguò wǒ, nǐ kě

箍棒，大声喊道："无法无天的蛇，还我的马！还我的马，现在，马上！"

龙正在涧底休息。他刚刚吃了一匹马，只想休息，不想做事。但当他听到猴子对着他大喊大叫时，他从水里走出来，说道："谁来到这里，大声骂我？"

"不要问问题。直接还给我马！"孙悟空回答说。他们开始打了起来。他们打了很长时间。孙悟空用他的金箍棒去打龙的头和身体，龙要咬猴子，用尾巴和爪子[5]伤害他。没有人能赢这场战斗，过了一会儿，龙变得非常累了，所以它回到了涧里。

孙悟空回到了唐僧那里，说他没有办法打赢龙。唐僧笑着说："你以前告诉过我，你可

---

5 爪子   zhuǎzi – claws

但当他听到猴子对着他大喊大叫时，他从水里走出来，说道："谁来到这里，大声骂我？"

Dāng tā tīng dào hóuzi duìzhe tā dà hǎn dà jiào shí, tā cóng shuǐ lǐ zǒu chūlái, shuōdào: "Shúi lái dào zhèlǐ, dàshēng mà wǒ?"

When he heard the monkey shouting at him, he came up out of the water and said, "Who comes here and scolds me with his big mouth?"

yǐ shā sǐ rènhé de lǎohǔ hé rènhé de lóng. Nǐ
wèishénme bùnéng shā sǐ zhè tiáo lóng?"

Zhè ràng Sūn Wùkōng hěn shēngqì. Tā tiàole qǐlái,
dàshēng hǎn dào: "Nǐ búyào zàishuōle! Wǒ yào gàosù
zhè tiáo bèn lóng shúi shì zhǔrén!" Ránhòu tā yòng
mófǎ ràng shuǐ biàn de hěn zāng. Suǒyǐ lóng cóng shuǐ
lǐ chūlái, hǎn dào: "Nǐ shì shénme yāoguài? Nǐ cóng
nǎlǐ lái? Nǐ wèishénme zhèyàng de zhǎo wǒ máfan?"

"Búyòng guānxīn wǒ shì shúi, wǒ cóng nǎlǐ lái," Sūn
Wùkōng huídá dào, "Zhǐyào bǎ wǒ de mǎ huán gěi wǒ,
nǐ jiù kěyǐ huó xiàqù."

"Bèn hóuzi, wǒ chīle nǐ de mǎ," lóng hǎn dào, "tā zài
wǒ dùzi lǐ. Wǒ xiànzài zěnme huán gěi nǐ?"

"Rúguǒ nǐ bù bǎ mǎ huán gěi wǒ, wǒ huì yào nǐ de
mìng!" Sūn Wùkōng huídá shuō, tāmen yòu kāishǐ
dǎle qǐlái. Dàn hé

以杀死任何[6]的老虎和任何的龙。你为什么不能杀死这条龙？"

这让孙悟空很生气。他跳了起来，大声喊道："你不要再说了！我要告诉这条笨龙谁是主人！"然后他用魔法让水变得很脏。所以龙从水里出来，喊道："你是什么妖怪？你从哪里来？你为什么这样的找我麻烦？"

"不用关心我是谁、我从哪里来，"孙悟空回答道，"只要把我的马还给我，你就可以活下去。"

"笨猴子，我吃了你的马，"龙喊道，"它在我肚子里。我现在怎么还给你？"

"如果你不把马还给我，我会要你的命！"孙悟空回答说，他们又开始打了起来。但和

---

[6] 任何   rènhé – any

yǐqián yíyàng, méiyǒu rén yíng. Suǒyǐ lóng biànchéngle yìtiáo shuǐshé, jìn dào gāo gāo de cǎo zhōng. Zhè ràng Sūn Wùkōng fēicháng shēngqì, ěrduo shēng yān!

Tā zhīdào tā xūyào bāngzhù cáinéng zhǎodào zhè tiáo lóng. Suǒyǐ tā shuōle yìxiē mó yǔ, tǔdì shén hé shānshén mǎshàng zhàn zài tā miànqián. Sūn Wùkōng hái zài shēngqì, "Zhàn zài nàlǐ. Búyào dòng," tā shuō, "wǒ yào yòng wǒ de jīn gū bàng dǎ nǐmen měi gè rén wǔ bàng, ràng wǒ zìjǐ gǎnjué hǎo yìxiē."

"Qǐng búyào shēngqì," tǔdì shén shuō, "ràng wǒmen gàosù nǐ zhè tiáo jiàn hé zhè tiáo lóng de shìqing. Zhè tiáo jiàn jiào Yīng Chóu Jiàn, yīnwèi tā de shuǐ fēicháng gānjìng, niǎo néng zài shuǐ zhòng kàn dào zìjǐ. Tāmen tiào rù shuǐzhōng hé qítā niǎo zhàndòu, búyòng shuō, tāmen sǐle."

"Xiànzài ràng wǒ lái gàosù nǐ zhè tiáo lóng de shìqing. Tā shì xīhǎi lóngwáng de érzi. Hěnjiǔ yǐqián, tā niánqīng yòu cūxīn,

以前一样，没有人赢。所以龙变成了一条水蛇，进到高高的草中。这让<u>孙悟空</u>非常生气，耳朵生烟[7]！

他知道他需要帮助才能找到这条龙。所以他说了一些魔语，土地神和山神马上站在他面前。<u>孙悟空</u>还在生气，"站在那里。不要动，"他说，"我要用我的<u>金箍棒</u>打你们每个人五棒，让我自己感觉好一些。"

"请不要生气，"土地神说，"让我们告诉你这条涧和这条龙的事情。这条涧叫<u>鹰愁涧</u>，因为它的水非常干净，鸟能在水中看到自己。他们跳入水中与其他鸟战斗，不用说他们死了。"

"现在让我来告诉你这条龙的事情。他是西海龙王的儿子。很久以前，他年轻又粗心，

---

[7] 烟   yān – smoke

yǒu yìtiān tā bù xiǎoxīn fànghuǒ shāole gōngdiàn.
Shāole xǔduō guìzhòng de dōngxi. Tā de bàba hěn
shēngqì, xiǎng ràng Yùhuáng Dàdì shā sǐ tā de érzi.
Dàn Guānyīn fózǔ láile. Tā shuō, tā xūyào yígè
shēngwù zài zhè tiáo jiàn lǐ děng Tángsēng, tā yǒu
yìtiān huì lái, xūyào bāngzhù. Lóng de gōngzuò shì
děng Tángsēng, ránhòu dàizhe zhège sēngrén qù
xītiān. Nà jiùshì tā de gōngzuò. Dàn wǒ bù zhīdào tā
wèishénme yào chī sēngrén de mǎ!"

"Dàn tā yìdiǎn dōu méiyǒu bāngguò wǒmen!" Sūn
Wùkōng shuō, "Tā chīle wǒmen de mǎ, tā hé wǒ
dǎdòu, ránhòu tā biànchéngle yìtiáo shuǐshé pǎokāile.
Xiànzài wǒ xūyào zhǎodào tā, bǎ wǒ de mǎ dài huílái."

Tǔdì shén shuō: "Wǒ xiǎng nǐ yīnggāi qǐng Guānyīn lái
bāngzhù nǐ. Rúguǒ tā yào lóng chūlái, lóng yídìng huì
chūlái de!"

"Zhè shì yígè hǎo zhǔyì," Sūn Wùkōng huídá dào. Tā
huí dào Tángsēng nàlǐ, shuō tā yào qù zhǎo Guānyīn.
Dàn rúguǒ Sūn Wùkōng búzài, ràng Tángsēng zìjǐ yígè
rén zài nàlǐ tā huì hàipà

有一天他不小心放火烧了宫殿。烧了许多贵重的东西。他的爸爸很生气，想让玉皇大帝杀死他的儿子。但观音佛祖来了。她说，她需要一个生物在这条涧里等唐僧，他有一天会来，需要帮助。龙的工作是等唐僧，然后带着这个僧人去西天。那就是他的工作。但我不知道他为什么要吃僧人的马！"

"但他一点都没有帮过我们！"孙悟空说，"他吃了我们的马，他和我打斗，然后他变成了一条水蛇跑开了。现在我需要找到他，把我的马带回来。"

土地神说："我想你应该请观音来帮助你。如果她要龙出来，龙一定会出来的！"

"这是一个好主意，"孙悟空回答道。他回到唐僧那里，说他要去找观音。但如果孙悟空不在，让唐僧自己一个人在那里他会害怕

de. Suǒyǐ Sūn Wùkōng liú xià hé Tángsēng zài yìqǐ, Jīn Tóu Wèishì qùle Bǔtuóluòjiā shān zhǎo Guānyīn. Guānyīn tīngle tā de gùshì hòu, tóngyì lái bāngmáng.

Guānyīn hěn kuài jiù dàole. Tā zài yún shàng děngzhe, ràng Jīn Tóu Wèishì bǎ Sūn Wùkōng dài lái. Dāng Sūn Wùkōng dàolái de shí hóu, tā dōu bú xiàng Guānyīn jūgōng. Tā shuō: "Nǐ jiào zìjǐ lǎoshī hé púsà. Dàn nǐ xiǎng bànfǎ lái shānghài wǒ hé wǒ shīfu!"

Guānyīn zhǐshì xiào xiào, shuō: "Ò, nǐ zhè hěn bèn de hóng pìgu! Wǒ fēicháng bù róngyì de zhǎodào yí wèi héshang, tā néng jiù nǐ shēngmìng, bǎ nǐ cóng shēnghuóle wǔbǎi nián de shānlǐ fàng chūlái. Xiànzài nǐ juédé wǒ yǒu wèntí le?"

"Shì de, nǐ jiùle wǒ," Sūn Wùkōng huídá dào, "Dàn nǐ ràng wǒ wèi zhè wèi Tángsēng zuòshì. Ránhòu nǐ gěile zhège héshang yígè shénqí de tóu gū, xiànzài jiù zài wǒ de tóu

的。所以孙悟空留下和唐僧在一起，金头卫士去了補陀落伽[8]山找观音。观音听了他的故事后，同意来帮忙。

观音很快就到了。她在云上等着，让金头卫士把孙悟空带来。当孙悟空到来的时侯，他都不向观音鞠躬。他说："你叫自己老师和菩萨。但你想办法来伤害我和我师父！"

观音只是笑笑，说："哦，你这很笨的红屁股[9]！我非常不容易地找到一位和尚，他能救你生命，把你从生活了五百年的山里放出来。现在你觉得我有问题了？"

"是的，你救了我，"孙悟空回答道，"但你让我为这位唐僧做事。然后你给了这个和尚一个神奇的头箍，现在就在我的头

---

[8] 補陀落伽　　Bǔtuóluòjiā – Potalaka, a mountain
[9] 屁股　　　　pìgu – butt

shàng, tā shénme shíhòu xiǎng yào shānghài wǒ, tā jiù huì shuō yìxiē mó yǔ, tóu gū jiù huì biàn de hěn jǐn, tā zhēn de hěn tòng!"

"Ò, wǒ qīn'ài de hóuzi," Guānyīn huídá shuō, "nǐ bù tīng wǒ de huà, nǐ yě bù tīng zhège sēngrén de huà. Shénqí de tóu gū zhǐshì yì zhǒng bú ràng nǐ zhǎo máfan de bànfǎ! Méiyǒu tā, nǐ huì zài yícì ràng shàngtiān yīnwèi nǐ shēngqì." Ránhòu tā zhuǎnshēn duì Jīn Tóu Wèishì shuō: "Nǐ qù jiàn biān shuō, 'Chūlái, Áo Rùn lóngwáng de sān érzi. Nánhǎi de Guānyīn jiù zài zhèlǐ.' "

Jīn Tóu Wèishì qùle jiàn biān shuōle nàxiē huà. Nà tiáo lóng mǎshàng cóng shuǐ lǐ tiào chūlái shuō: "Xièxie nǐ jiùle wǒ de shēngmìng, Guānyīn. Wǒ yìzhí zài děng nà wèi sēngrén, dàn tā hái méiyǒu dào."

Guānyīn zhǐzhe Sūn Wùkōng duì lóng shuō: "Zhè bú jiùshì nǐ yào děng de sēngrén de túdì ma?"

"Tā? Tā shì shúi? Wǒ zuótiān gāng yùjiàn tā. Wǒ èle,

上，他什么时候想要伤害我，他就会说一些魔语，头箍就会变得很紧，它真的很痛！"

"哦，我亲爱的猴子，" 观音回答说，"你不听我的话，你也不听这个僧人的话。神奇的头箍只是一种不让你找麻烦的办法！没有它，你会再一次让上天因为你生气。"然后她转身对金头卫士说："你去涧边说，'出来，敖闰龙王的三儿子。南海的观音就在这里。'"

金头卫士去了涧边说了那些话。那条龙马上从水里跳出来说："谢谢你救了我的生命，观音。我一直在等那位僧人，但他还没有到。"

观音指着孙悟空对龙说："这不就是你要等的僧人的徒弟吗？"

"他？他是谁？我昨天刚遇见他。我饿了，

suǒyǐ wǒ chīle tā de mǎ. Tā yìzhí méiyǒu shuōguò sēngrén de shì. Wǒ hái wènguò tā de míngzì hé láizì nǎlǐ, dàn tā méiyǒu gàosù wǒ."

Guānyīn kànzhe yuǎnfāng, shuō: "Shì de, tā shì yì zhī fēicháng máfan de hóuzi." Ránhòu tā xiàng lóng zǒu qù, zhàn zài tā miànqián. Qīng qīng de xiàng tā chuī qì. "Biàn!" tā shuō. Lóng biànchéngle yì pǐ mǎ, kànqǐlái jiù xiàng tā zuótiān chī diào de nà pǐ mǎ.

Guānyīn duì lóngmǎ shuō: "Xiànzài, jì zhù wǒ gěi nǐ de gōngzuò. Nǐ yào wèi zhè wèi sēngrén gōngzuò, bǎ tā dài dào xītiān. Dànshì nǐ zuò zhèxiē shìqing de shíhòu shì mǎ búshì lóng. Dāng nǐ wánchéng zhège gōngzuò hòu, nǐ bú zài shì yì pǐ mǎ huò yìtiáo lóng, nǐ huì yǒu yígè jīn shēn zhèngguǒ." Ránhòu tā zhǔnbèi líkāi. Dànshì Tángsēng bú ràng tā zǒu, shuō: "Qǐng búyào zǒu. Wǒ bùnéng dàizhe zhè zhī hóuzi qù xītiān. Wǒmen huì méiyǒu bànfǎ huó xiàqù de!"

所以我吃了他的马。他一直没有说过僧人的事。我还问过他的名字和来自哪里，但他没有告诉我。"

观音看着远方，说："是的，他是一只非常麻烦的猴子。"然后她向龙走去，站在他面前。轻轻地向他吹气。"变！"她说。龙变成了一匹马，看起来就像他昨天吃掉的那匹马。

观音对龙马说："现在，记住我给你的工作。你要为这位僧人工作，把他带到西天。但是你做这些事情的时候是马不是龙。当你完成这个工作后，你不再是一匹马或一条龙，你会有一个金身正果。"然后她准备离开。但是唐僧不让她走，说："请不要走。我不能带着这只猴子去西天。我们会没有办法活下去的！"

"Qǐng búyào dānxīn," Guānyīn huídá shuō. "Rúguǒ nǐ yù dào máfan, qǐng shàngtiān bāngzhù, shàngtiān huì bāng nǐ de. Qǐng dàdì bāngzhù, dàdì yě huì bāng nǐ de. Qǐng wǒ bāngzhù, wǒ yě huì bāng nǐ de. Xiànzài, wǒ hái yǒu yí jiàn dōngxi yào gěi nǐ. Zǒu jìn yìdiǎn." Ránhòu tā zài Tángsēng de tóu hòumiàn fàngle sān zhāng lǜyè, shuō: "Biàn!" Sān zhāng yèzi biànchéng sāngēn mó fà. "Rúguǒ nǐ yùdào fēicháng wēixiǎn de qíngkuàng, yòng zhèxiē máofà, tāmen huì jiù nǐ de." Ránhòu tā qǐlái dào kōngzhōng, huí Bǔtuóluòjiā shān le.

Tángsēng qíshàng le lóng mǎ, hé Sūn Wùkōng yìqǐ jìxù tāmen de xīyóu. Wǎnxiē shíhòu, tàiyáng zài xībian hěn dī de tiānkōng zhōng, tiānkōng biàn hēi le. Zhǐyǒu tāmen jǐgè rén zài lùshàng, tiānqì biàn lěng le. Qiánfāng, Tángsēng kàndào le yígè yǒu xǔduō xiǎo lóu de cūnzi. Cūnkǒu de yígè páizi shàng xiězhe "Lǐshè Shénshè".

"请不要担心，"观音回答说。"如果你遇到麻烦，请上天帮助，上天会帮你的。请大地帮助，大地也会帮你的。请我帮助，我也会帮你的。现在，我还有一件东西要给你。走近一点。"然后她在唐僧的头后面放了三张绿叶，说："变！"三张叶子变成三根魔发。"如果你遇到非常危险的情况，用这些毛发，它们会救你的。"然后她起来到空中，回補陀落伽山了。

唐僧骑上了龙马，和孙悟空一起继续他们的西游。晚些时候，太阳在西边很低的天空中，天空变黑了。只有他们几个人在路上，天气变冷了。前方，唐僧看到了一个有许多小楼的村子。村口的一个牌子上写着"里社神社[10]"。

---

[10] 里社神社　　　Lǐshè Shénshè – Lishe Shrine

Tángsēng hé Sūn Wùkōng bǎ mǎ liú zài wàimiàn, zǒu jìn le shénshè. Yí wèi lǎorén jiànle tāmen, qǐng tāmen dào lǐmiàn hē chá.

"Xièxie nǐ ràng wǒmen jìnlái," Tángsēng shuō, "Qǐng gàosù wǒ, wèishénme zhège dìfāng jiào Lǐshè shénshè?"

"Shénshè hòumiàn yǒu yígè cūnzi," nà rén huídá dào. "Lǐ shì zhège cūnzi de míngzì. Měi gè jìjié, cūnlǐ de měi jiā dōuhuì bǎ shíwù sòng dào shénshè, zhèyàng dì lǐ jiù kěyǐ yǒu hěnduō chī de shíwù."

"Zài wǒ de guójiā, wǒmen bú zuò zhèxiē shìqing. Nǐ zhīdào zhè jù huà, 'lí jiā sānlǐ yuǎn, rénmen zuò de shìqing jiù bù yíyàng.'"

"A. Nǐ shì cóng nǎlǐ lái de?"

"Zhè wèi kělián de héshang shì Táng cháo huángdì ràng tā cóng Cháng'ān qù xītiān zhǎo fó shū de. Wǒmen yílù zǒu lái, yǐjīng hěn wǎn le, wǒmen kàndào le nǐ de piàoliang shénshè, suǒyǐ wǒmen jīn wǎn xiǎng yào liú zài zhèlǐ. Míngtiān hěn zǎo wǒmen jiù líkāi."

唐僧和孙悟空把马留在外面，走进了神社。一位老人见了他们，请他们到里面喝茶。

"谢谢你让我们进来，"唐僧说，"请告诉我，为什么这个地方叫里社神社？"

"神社后面有一个村子，"那人回答道。"李是这个村子的名字。每个季节，村里的每家都会把食物送到神社，这样地里就可以有很多吃的食物。"

"在我的国家，我们不做这些事情。你知道这句话，'离家三里远，人们做的事情就不一样。'"

"啊。你是从哪里来的？"

"这位可怜的和尚是唐朝皇帝让他从长安去西天找佛书的。我们一路走来，已经很晚了，我们看到了你的漂亮神社，所以我们今晚想要留在这里。明天很早我们就离开。"

Ránhòu, Tángsēng gàosù lǎorén tāmen zài Yīng Chóu jiàn yùjiàn lóng de gùshì.

Dāng Tángsēng jiǎng wán tā de gùshì hòu, zhè wèi lǎorén yāoqiú yí wèi niánqīng rén wèi tāmen zhǔnbèi sùshí wǎnfàn. Wǎnfàn hòu, tāmen dōu qù shuì le.

Zǎoshàng, lǎorén gěile Tángsēng yígè piàoliang de mǎ tào. Dāng Tángsēng gǎnxiè tā de shíhòu, lǎorén hé shénshè dōu zài yān zhōng bújiànle. Tiānkōng zhōng sòng lái yígè shēngyīn shuō, "Shèng sēng, wǒ shì Bǔtuóluòjiā shān de shén. Fózǔ Guānyīn yào wǒ gěi nǐ zhège mǎ tào hé zuó wǎn zhù de dìfāng. Xiànzài nǐ bìxū jìxù xīyóu. Jì zhù yào hǎohǎo gōngzuò!"

Tángsēng hàipà de dǎo zài dìshàng. Tā yícì yòu yícì de xiàng tiānkōng jūgōng. Sūn Wùkōng jiù zhàn zài nàlǐ xiào tā, shuō: "Shīfu, qǐlái! Tā zǒule hěnjiǔle, tā yǐjīng tīngbúdào nǐ de shēngyīn le!"

"Búyào zài jiǎng nà zhǒng méiyǒu yìsi de huà le," Tángsēng qīng

然后，唐僧告诉老人他们在鹰愁涧遇见龙的故事。

当唐僧讲完他的故事后，这位老人要求一位年轻人为他们准备素食晚饭。晚饭后，他们都去睡了。

早上，老人给了唐僧一个漂亮的马套。当唐僧感谢他的时候，老人和神社都在烟中不见了。天空中送来一个声音说，"圣僧，我是補陀落伽山的神。佛祖观音要我给你这个马套和昨晚住的地方。现在你必须继续西游。记住要好好工作！"

唐僧害怕得倒在地上。他一次又一次地向天空鞠躬。孙悟空就站在那里笑他，说："师父，起来！他走了很久了，他已经听不到你的声音了！"

"不要再讲那种没有意思的话了，"唐僧轻

孙悟空就站在那里笑他，说："师父，起来！他走了很久了，他已经听不到你的声音了！"

Sūn Wùkōng jiù zhàn zài nàlǐ xiào tā, shuō: "Shīfu, qǐlái! Tā zǒule hěnjiǔle, tā yǐjīng tīng bú dào nǐ de shēngyīn le!"

Sun Wukong just stood and laughed at him, saying "Master, get up! He is a long time gone, he cannot hear you anymore!"

shēng shuō, "Xiànzài ràng wǒmen jìxù ba." Tā zàicì

qíshàng mǎ, ránhòu tāmen zài yícì kāishǐ xiàng xīyóu.

Tāmen zǒule liǎng gè yuè, méiyǒu yùdào rènhé

máfan. Jìjié cóng dōngjì biàn wéi zǎochūn. Yǒu yìtiān,

dāng shùmù kāishǐ biàn lǜ, xīn cǎo chūxiàn zài dìmiàn

shàng shí, tāmen kàndàole hěn yuǎn de dìfāng yǒu

fángzi. Dāng tāmen zǒu jìn shí, tāmen kàndào tā shì

yìzuò měilì de sìmiào. Tā yǒu xǔduō fángzi hé jǐ zuò

gāo tǎ. Tā sìzhōu shì gāodà de shùmù. Tāmen kàndào

xǔduō héshang bìzhe yǎnjīng jìng jìng de zuò zài

dìshàng.

Dāng tāmen zǒu jìn dàmén shí, yí wèi sēngrén zǒule

chūlái. Sēngrén dàizhe yì dǐng màozi, chuānzhe yìtiáo

sī yāodài de sēngyī hé yì shuāng cǎoxié. Tā shǒu lǐ

názhe yì zhī mùyú, gàosù tā yào hǎohǎo qù gǎnwù.

Tángsēng bǎ shuāngshǒu fàng zài xiōng qián. Sēngrén

yě bǎ shuāngshǒu fàng zài xiōng qián, dàn dāng tā kàn

dào Sūn Wùkòng shí, tā gǎndào hàipà. Tángsēng

gàosù tā búyào pà tā de túdì.

Sēngrén qǐng kèrén qù lǐmiàn hé tā yìqǐ hē chá.

Tángsēng gào

声说，"现在让我们继续吧。"他再次骑上马，然后他们再一次开始向西游。

他们走了两个月，没有遇到任何麻烦。季节从冬季变为早春。有一天，当树木开始变绿，新草出现在地面上时，他们看到了很远的地方有房子。当他们走近时，他们看到它是一座美丽的寺庙。它有许多房子和几座高塔。它四周是高大的树木。他们看到许多和尚闭着眼睛静静地坐在地上。

当他们走近大门时，一位僧人走了出来。僧人戴着一顶帽子，穿着一条丝腰带的僧衣，和一双草鞋。他手里拿着一只木鱼，告诉他要好好去感悟。<u>唐僧</u>把双手放在胸前。僧人也把双手放在胸前，但当他看到<u>孙悟空</u>时，他感到害怕。<u>唐僧</u>告诉他不要怕他的徒弟。

僧人请客人去里面和他一起喝茶。<u>唐僧</u>告

sù tāmen zhèng qiánwǎng xītiān wèi Táng cháo
huángdì zhǎo fó shū. Tā hái qīngshēng de duì sēngrén
shuō: "Xiǎoxīn, búyào shuō hóuzi de huàihuà. Tā hěn
róngyì shēngqì de!"

Tāmen yìqǐ jìnrù dàdiàn. Tángsēng xiàng jīn fó jūgōng.
Yǒu yí wèi niánqīng de héshang dǎle hǎojǐ cì xiǎng
zhōng. Dāng tā dǎ wán yǐhòu, Sūn Wùkōng jìxù dǎzhe
xiǎng zhōng, yícì yòu yícì. Sìmiào lǐ de suǒyǒu héshang
dōu láidào dàdiàn, wèndào: "Dǎ zhōng de bèn rén shì
shúi?"

Sūn Wùkōng tiàole qǐlái, dà hǎn: "Zhè shì nǐmen de
Sūn yéye, dǎ zhōng shì wèi tā zìjǐ kāixīn!"

Dāng héshangmen kàndào nà zhī nánkàn de dà hóuzǐ
shí, tāmen hàipà jíle, dǎozài le dìshàng. Sūn Wùkōng
xiào tāmen. Zuìhòu tāmen cóng dìshàng qǐlái, zuò zài
fángjiān hòumiàn, Tángsēng, Sūn Wùkōng hé nà wèi
sēngrén yìqǐ hēzhe chá, chīzhe sùshí.

Wǎnfàn hòu, yí wèi hěn lǎo de lǎorén dàole. Tā tài lǎo
le, liǎng gè xiǎo nánhái zhǐnéng bāngzhù tā zǒulù. Tā
de liǎn kànshàngqù

诉他们正前往西天为唐朝皇帝找佛书。他还轻声地对僧人说："小心，不要说猴子的坏话。他很容易生气的！"

他们一起进入大殿。唐僧向金佛鞠躬。有一位年轻的和尚打了好几次响钟。当他打完以后，孙悟空继续打着响钟，一次又一次。寺庙里的所有和尚都来到大殿，问道："打钟的笨人是谁？"

孙悟空跳了起来，大喊："这是你们的孙爷爷，打钟是为他自己开心！"

当和尚们看到那只难看的大猴子时，他们害怕极了，倒在了地上。孙悟空笑他们。最后他们从地上起来，坐在房间后面，唐僧，孙悟空和那位僧人一起喝着茶，吃着素食。

晚饭后，一位很老的老人到了。他太老了，两个小男孩只能帮助他走路。他的脸看上去孙悟空继续打着响钟，一次又一次。

Sūn Wùkōng jìxù dǎzhe xiǎng zhōng,
yícì yòu yícì.

Sun Wukong continued to strike the
bell loudly, again and again.

hěn lǎo, suǒyǐ tā kàn qǐlái xiàng gè lǎo wūpó. Tā kàn bújiàn dōngxi, zuǐ lǐ shǎo le hǎojǐ kē yá. Nà wèi sēngrén shuō: "Lǎo fāngzhàng láile!"

Tángsēng xiàng tā jūgōng, shuō: "Nǐ de túdì xiàng nǐ jūgōng." Lǎo fāngzhàng yě gěi tā jūgōng, tāmen dōu zuòle xiàlái.

Lǎo fāngzhàng shuō: "Gāngcái wǒ cóng niánqīng rén nàlǐ tīngshuō Táng gōng de liǎng wèi shèng fù cóng dōngfāng lái dào zhèlǐ. Wǒ lái zhèlǐ huānyíng nǐmen."

"Wǒmen zhǐshì liǎng gè qióng héshang jīngguò nǐmen de guójiā. Qǐng yuánliàng wǒmen jìnrù nǐ de sìmiào," Tángsēng huídá dào.

"Wǒ kěyǐ wèn Táng shèng sēng, nǐ yǐjīng zǒule duō yuǎn de lù le?"

"Líkāi cháng'ān hòu, wǒ zǒule wǔqiān lǐ. Ránhòu wǒ jiēle

很老，所以他看起来像个老巫婆[11]。他看不见东西，嘴里少了好几颗牙。那位僧人说："老方丈来了！"

唐僧向他鞠躬，说："你的徒弟向你鞠躬。"老方丈也给他鞠躬，他们都坐了下来。

老方丈说："刚才我从年轻人那里听说唐宫的两位圣父从东方来到这里。我来这里欢迎你们。"

"我们只是两个穷和尚经过你们的国家。请原谅我们进入你的寺庙，"唐僧回答道。

"我可以问唐圣僧，你已经走了多远的路了？"

"离开长安后，我走了五千里。然后我接了

---

11 巫婆　　　　　　wūpó – witch

wǒ de túdì, cóng nà yǐhòu wǒmen yòu zǒule wǔqiān lǐ."

"Suǒyǐ, nǐ yǐjīng zǒule yí wàn lǐ. Wǒ zhège yòu bèn yòu lǎo de héshang cónglái méiyǒu zǒuchū zhè zuò sìmiào. Tā jiù xiàng yìī zhī zuò zài jǐng lǐ de qīngwā, kànzhe tiānkōng!"

"Qǐngwèn, zhè wèi dà fāngzhàng duōdà niánlíng le?"

"Wǒ yǐjīng bèn bèn de huóle èrbǎi qīshí nián le." Ránhòu kànzhe hóu wáng, tā wèn dào, "Nǐ, túdì, nǐ duōdà le?"

"Wǒ bùnéng shuō," Sūn Wùkōng huídá. Tā bùxiǎng gàosù zhè wèi lǎo fāngzhàng, tā yǐjīng yǒu jǐ qiān suì le. Dàn zhè wèi lǎo fāngzhàng zhǐshì diǎndiǎn tóu, hēle chá, shénme yě méi shuō.

Yígè niánqīng rén náláile yì hú chá. Chábēi fēicháng piàoliang,

我的徒弟，从那以后我们又走了五千里。"

"所以，你已经走了一万里。我这个又笨又老的和尚从来没有走出这座寺庙。他就像一只坐在井[12]里的青蛙[13]，看着天空！[14]"

"请问，这位大方丈多大年龄了？"

"我已经笨笨地活了二百七十年了。"然后看着猴王，他问道，"你，徒弟，你多大了？"

"我不能说，"孙悟空回答。他不想告诉这位老方丈，他已经有几千岁了。但这位老方丈只是点点头，喝了茶，什么也没说。

一个年轻人拿来了一壶茶。茶杯非常漂亮，

---

[12] 井　　　　　 jǐng – well
[13] 青蛙　　　　 qīngwā – frog
[14] A famous Chinese proverb about a conceited frog who, from his narrow viewpoint in the bottom of a well, thinks he has seen the whole world.

Tángsēng gàosù lǎo fāngzhàng, chábēi hěn piàoliang.

"Ò, méishénme," lǎo fāngzhàng huídá dào. "Dàn nǐ láizì yígè hěn dà de chéngshì. Nǐ cóng Cháng'ān dàiláile shénme měilì de dōngxi?"

"Duìbùqǐ, Cháng'ān méiyǒu shénme guìzhòng dōngxi," Tángsēng huídá dào. "Rúguǒ yǒu, wǒmen yě méiyǒu bànfǎ zài wǒmen hěn cháng de lǚtú zhōng dàizhe tā." Dāngrán, Tángsēng bùxiǎng zài zhèxiē bú rènshì de rén miànqián tán guìzhòng de dōngxi.

Dāng tīngdào zhège shí, hóu wáng táiqǐtóulái, "Shīfu, wǒmen yǒu yí jiàn měilì de sēngyī, nǐ shìbúshì kěyǐ gěi dà fāngzhàng kànkan?"

Dāng qítā héshang tīngdào zhège shí, tāmen xiàoleqǐlái. Nàwèi sēngrén shuō: "Sēngyī shì hěn pǔtōng de dōngxi. Xǔduō sēngrén yǒu èrshí huò sānshí jiàn. Wǒmen de dà fāngzhàng yǐjīng shēnghuóle hěn cháng shíjiān, tā yǒu qìbǎi jiàn sēngyī! Nǐ xiǎng kàn ma?" Ránhòu, nàxiē niánqīng de héshang náchūle hěnduō hěn

唐僧告诉老方丈，茶杯很漂亮。"哦，没什么，"老方丈回答道。"但你来自一个很大的城市。你从长安带来了什么美丽的东西？"

"对不起，长安没有什么贵重东西，"唐僧回答道。"如果有，我们也没有办法在我们很长的旅途中带着它。"当然，唐僧不想在这些不认识的人面前谈贵重的东西。

当听到这个时，猴王抬起头来，"师父，我们有一件美丽的僧衣，你是不是可以给大方丈看看？"

当其他和尚听到这个时，他们笑了起来。那位僧人说："僧衣是很普通的东西。许多僧人有二十或三十件。我们的大方丈已经生活了很长时间，他有七百件僧衣！你想看吗？"然后，那些年轻的和尚拿出了很多很

duō sēngyī. Tāmen náchū sēngyī gěi Tángsēng hé Sūn

Wùkōng kàn. Sēngyī shì sī zuò de, yòng jīn yín xiàn

xiùchéng. Tāmen hěn piàoliang, dàn Sūn Wùkōng zhǐ

shuō, "Hǎo, hǎo, xiànzài jiù bǎ tāmen ná zǒu ba.

Wǒmen yǒu yí jiàn sēngyī bǐ nǐmen de sēngyī dōu

gèng piàoliang."

Tángsēng duì zhège gǎndào hàipà. Zhuǎnxiàng Sūn

Wùkōng dī shēng shuō, "Bié shuō zhèxiē dōngxi! Zài

zhèlǐ méiyǒu rén rènshì wǒmen, lí jiā hěn yuǎn. Nǐ bù

yīnggāi bǎ guìzhòng dōngxi gěi bù zhēnxīn de rén kàn.

Zhǐyào tā kàndàole, tā jiù huì xiǎng yào tā. Rúguǒ tā

xiǎng yào tā, tā jiù huì shìzhe dédào tā!"

"Bié jǐnzhāng," Sūn Wùkōng huídá shuō, "lǎo hóuzi huì

zhàogù hǎo suǒyǒu dōngxi de!" Ránhòu tā ná chū

Tángsēng de sēngyī gěi lǎo fāngzhàng hé fángjiān lǐ

suǒyǒu de héshang kàn. Dāng tā jǔqǐ sēngyī shí,

fángjiān lǐ dōu shì hóngsè de guāng, dàdiàn lǐ dōu shì

xiāng xiāng de kōngqì.

多僧衣。他们拿出僧衣给唐僧和孙悟空看。僧衣是丝做的，用金银线绣成。他们很漂亮，但孙悟空只说，"好，好，现在就把它们拿走吧。我们有一件僧衣比你们的僧衣都更漂亮。"

唐僧对这个感到害怕。转向孙悟空低声说，"别说这些东西！在这里没有人认识我们，离家很远。你不应该把贵重东西给不真心的人看。只要他看到了，他就会想要它。如果他想要它，他就会试着得到它！"

"别紧张，"孙悟空回答说，"老猴子会照顾好所有东西的！"然后他拿出唐僧的僧衣给老方丈和房间里所有的和尚看。当他举起僧衣时，房间里都是红色的光，大殿里都是香香的空气。

Lǎo fāngzhàng zǒudào sēngyī qián, guìle xiàlái, kāishǐ kūleqǐlái.

"Nǐ wèishénme kū?" Tángsēng wèn dào.

"Xiànzài yǐjīng hěn wǎn le, wǒde lǎo yǎnjīng kàn bújiàn zhè jiàn sēngyī," tā huídá dào. "Nǐ néng ràng wǒ bǎ tā dàihuí wǒde fángjiān, ràng wǒ kěyǐ hǎohǎo de kàn kan ma? Míngtiān zǎoshàng wǒ huì bǎ tā huán gěi nǐ de."

Tángsēng bù xǐhuān zhèyàng, tā kànle Sūn Wùkōng yìyǎn. Ránhòu tā duì fāngzhàng shuō: "Dāngrán, nǐ kěyǐ názhe dào míngtiān zǎoshàng. Dàn qǐng yídìng yào xiǎoxīn!"

Zài nà yǐhòu, fāngzhàng yào niánqīng de héshangmen zài dàdiàn lǐ gěi Tángsēng hé Sūn Wùkōng fàngshàng chuáng, qítā rén dōu qùle tāmen zìjǐ de fángjiān shuìjiào. Měigè rén dōu qù shuìjiàole, dàn lǎo fāngzhàng méiyǒu shuì. Tā zài tā de fángjiān lǐ zuòzài sēngyī qián, dàshēng de kūzhe. Jǐgè héshang zǒu jìn tā de fángjiān, yígè héshang wèn dào: "Nǐ wèishénme kū?"

老方丈走到僧衣前，跪了下来，开始哭了起来。

"你为什么哭？"唐僧问道。

"现在已经很晚了，我的老眼睛看不见这件僧衣，"他回答道。"你能让我把它带回我的房间，让我可以好好地看看吗？明天早上我会把它还给你的。"

唐僧不喜欢这样，他看了孙悟空一眼。然后他对方丈说："当然，你可以拿着到明天早上。但请一定要小心！"

在那以后，方丈要年轻的和尚们在大殿里给唐僧和孙悟空放上床，其他人都去了他们自己的房间睡觉。每个人都去睡觉了，但老方丈没有睡。他在他的房间里坐在僧衣前，大声地哭着。几个和尚走进他的房间，一个和尚问道："你为什么哭？"

老方丈没有睡。他在他的房间里坐在僧衣前，大声地哭着。

Lǎo fāngzhàng méiyǒu shuì. Tā zài tā de fángjiān lǐ zuòzài sēngyī qián, dàshēng de kūzhe.

The old abbot did not sleep. He sat in his room in front of the cassock, crying loudly.

"Tài wǎn le!" fāngzhàng huídá dào.

"Shénme yìsi?"

"Wǒ zhǐnéng kàn zhè jiàn sēngyī yígè wǎnshàng.
Kànzhe wǒ! Wǒ jīnnián èrbǎi qīshí suì le. Wǒ yǒu jǐbǎi
jiàn sēngyī, dàn wǒ zhēnde xiǎngyào liú xià zhè jiàn."

"Nà méi wèntí. Jīnwǎn chuānshàng tā, ràng nǐ zìjǐ
kāixīn yíxià. Míngtiān wǒmen huì yāoqiú wǒmen de
kèrén zài zhù yì tiān, míngtiān nǐ hái kěyǐ chuān zhè
jiàn sēngyī. Rúguǒ nǐ yuànyì, wǒmen kěyǐ jìxù yāoqiú
tāmen zài zhù shí tiān, nǐ jiù kěyǐ zài chuān shí tiān.
Rúguǒ nǐ xiǎng chuān yì nián, wǒmen huì yāoqiú
tāmen zài zhèlǐ zhù yì nián."

"Dàn tāmen huì líkāi, duì ma?"

Lìng yí wèi héshang shuō: "Zhège yě búshì wèntí.
Wǒmen zài tāmen shuìjiào de shíhòu shāsǐ tāmen!"
Zhè shí, fāngzhàng gāoxìng de pāishǒu shuō: "Shì de,
zhège zhǔyì fēicháng hǎo!"

"太晚了！"方丈回答道。

"什么意思？"

"我只能看这件僧衣一个晚上。看着我！我今年二百七十岁了。我有几百件僧衣，但我真的想要留下这件。"

"那没问题。今晚穿上它，让你自己开心一下。明天我们会要求我们的客人再住一天，明天你还可以穿这件僧衣。如果你愿意，我们可以继续要求他们再住十天，你就可以再穿十天。如果你想穿一年，我们会要求他们在这里住一年。"

"但他们会离开，对吗？"

另一位和尚说："这个也不是问题。我们在他们睡觉的时候杀死他们！"这时，方丈高兴地拍手说："是的，这个主意非常好！"

Dàn dì sān wèi héshang shuō: "Bù, nà bùxíng. Wǒmen kěyǐ shāsǐ nàge sēngrén. Dànshì nà zhī hóuzi yòu dà yòu qiáng yòu wēixiǎn. Wǒ rènwéi wǒmen shābùliǎo tā. Wǒmen bùxiǎng ràng tā shēngqì!"

"Nǐ yǒu shénme hǎo zhǔyì?" fāngzhàng wèn dào.

"Wǒmen sìmiào lǐ yǒu liǎng bǎi gè héshang. Wǒmen jiàoshàng měigè héshang, ràng tāmen ná shāohuǒ de mùtou. Wǒmen huì bǎ mùtou fàng zài dàdiàn sìzhōu. Wǒmen bǎ mén suǒshàng. Ránhòu wǒmen bǎ mùtou shāo qǐlái. Dàdiàn huì shāo qǐlái, kèrén jiù huì zài huǒ zhōng sǐqù, dàn kànqǐlái xiàng shì huǒ zìjǐ shāo qǐlái de. Zhèyàng nǐ jiù kěyǐ wèi nǐ zìjǐ liú xià sēngyī."

Lǎo fāngzhàng hěn xǐhuān zhège bànfǎ, tā gàosù héshangmen qù kāishǐ bān shāohuǒ de mùtou.

Zhèshí, Tángsēng zhèngzài shuìjiào, dànshì Sūn Wùkōng méiyǒu shuì

但第三位和尚说："不，那不行。我们可以杀死那个僧人。但是那只猴子又大又强又危险。我认为我们杀不了他。我们不想让他生气！"

"你有什么好主意？"方丈问道。

"我们寺庙里有两百个和尚。我们叫上每个和尚，让他们拿烧火的木头。我们会把木头放在大殿四周。我们把门锁[15]上。然后我们把木头烧起来。大殿会烧起来，客人就会在火中死去，但看起来像是火自己烧起来的。这样你就可以为你自己留下僧衣。"

老方丈很喜欢这个办法，他告诉和尚们去开始搬烧火的木头。

这时，<u>唐僧</u>正在睡觉，但是<u>孙悟空</u>没有睡

---

[15] 锁　　　　　　suǒ – to lock

jiào. Tā zhǐshì zài xiūxi, dàn tāde yǎnjīng shì kāizhe de.

Tā tīng dào fángjiān wài yǒu shēngyīn. "Zhè hěn

qíguài," tā xiǎng. "Xiànzài shì yèwǎn, shì xiūxi de

shíhòu. Wèishénme rénmen zài fángjiān wàimiàn bān

dòng dōngxi?" Suǒyǐ tā biànchéngle yì zhī chóngzi,

fēidào fángjiān wàimiàn kàn kan shì shénme shì. Tā

kàndào héshangmen zài fángjiān wài fàngle hěnduō

shāohuǒ de mùtou.

"Wǒ shīfu shì duì de," tā xiǎng. "Tāmen xiǎngyào shāsǐ

wǒmen, tōuzǒu sēngyī. Wǒ kěyǐ yòng wǒ de Jīn Gū

Bàng shāsǐ tāmen, dàn wǒ shīfu huì zàicì shēng wǒde

qì. Wǒ bìxū zuò diǎn qítā de shì."

Suǒyǐ tā yígè jīndǒu jiù dàole tiānshàng. Tā qù kànle tā

de péngyǒu Guǎngmù tiānwáng, tā shì yí wèi

shēnghuó zài tiānshàng de hěn qiángdà de shén. "Nǐ

hǎo, wǒ de lǎo péngyǒu!" Guǎngmù shuō, "Nǐ hǎo

ma? Wǒ tīngshuō nǐ chéngle yí wèi xīyóu sēngrén

觉。他只是在休息，但他的眼睛是开着的。他听到房间外有声音。"这很奇怪，"他想。"现在是夜晚，是休息的时侯。为什么人们在房间外面搬动东西？"所以他变成了一只虫子，飞到房间外面看看是什么事。他看到和尚们在房间外放了很多烧火的木头。

"我师父是对的，"他想。"他们想要杀死我们，偷走僧衣。我可以用我的金箍棒杀死他们，但我师父会再次生我的气。我必须做点其他的事。"

所以他一个筋斗就到了天上。他去看了他的朋友广目[16]天王，他是一位生活在天上的很强大的神。"你好，我的老朋友！"广目说，"你好吗？我听说你成了一位西游僧人

---

[16] 广目 Guǎngmù – A major Buddhist deity, the guardian of the West. Called Virupaksa in Sanskrit.

de túdì. Zěnmeyàngle?"

"Méi shíjiān jiǎng nàgè!" Sūn Wùkōng hěn shēngqì de
shuō. "Yìxiē huàirén xiǎngyào yòng huǒ shāosǐ wǒ
shīfu. Wǒ xiànzài mǎshàng yào jièyòng nǐ de Pì Huǒ
Zhào. Wǒ huì hěn kuài bǎ tā huán gěi nǐ de."

"Nàme bèn. Mièhuǒ hěn róngyì. Zhǐ xūyào yòng shuǐ
jiù kěyǐle."

"Wǒ bùnéng nàyàng zuò. Wǒ xūyào ràng huǒ
shāoqǐlái. Kuàidiǎn, méiyǒu shíjiān le. Qǐng gěi wǒ
nàgè Pì Huǒ Zhào!"

Guǎngmù méiyǒu hé Sūn Wùkōng duō jiǎng, tā zhǐshì
gěile tā Pì Huǒ Zhào. Sūn Wùkōng bǎ tā dàihuí le
sìmiào, yòng tā lái zhàozhù Tángsēng, báimǎ hé tāmen
de xínglǐ. Ránhòu tā dào wàimiàn zuòzài
fángdǐngshàng kànzhe.

Yǒu yí wèi héshang shāole huǒ. Huǒ hěn kuài kāishǐ
yuè shāo yuè dà,

的徒弟。怎么样了？"

"没时间讲那个！"孙悟空很生气地说。
"一些坏人想要用火烧死我师父。我现在马上要借用你的辟火罩[17]。我会很快把它还给你的。"

"那么笨。灭[18]火很容易。只需要用水就可以了。"

"我不能那样做。我需要让火烧起来。快点，没有时间了。请给我那个辟火罩！"

广目没有和孙悟空多讲，他只是给了他辟火罩。孙悟空把它带回了寺庙，用它来罩住唐僧，白马和他们的行李。然后他到外面坐在房顶上看着。

有一位和尚烧了火。火很快开始越烧越大，

---

[17] 辟火罩　　　　Pì Huǒ Zhào – Fire Repelling Cover
[18] 灭　　　　　　miè – to put out (a fire)

shāozháole suǒyǒu de mùtou. Sūn Wùkōng chuīle yìkǒu
cháng qì, tā biànchéngle qiángdà de fēng, ràng huǒ gèng
dà. Hēi yān hé hóngsè de huǒyàn shàngdàole tiānkōng.
Xīngxing kànbújiàn le. Míngliàng de hóngsè huǒyàn
shàngdào liǎng lǐ shàng de tiānkōng, kěyǐ cóng qiānlǐ wài
kàndào. Tángsēng hé mǎ zài Pì Huǒ Zhào xià hěn ānquán,
dànshì dàdiàn lǐ de qítā dìfāng dōu zài huǒyàn zhōng.

Dāng dàdiàn shāoqǐlái de shíhòu, èrshí lǐ yuǎn de dìfāng
yǒu yígè yāoguài zài tā de dòng lǐ shuìjiào. Nàge dòng jiào
Hēi Fēng dòng, tā zài Hēi Fēng shān zhōng. Yāoguài cóng
huǒguāng zhōng xǐnglái, tā yǐwéi zhèshì zǎoshàng. Dàn
dāng tā kànle yīhuǐr, tā kěyǐ kàndào guāng shì láizì
yuǎnfāng de huǒyàn.

"Yídìng shì sìmiào qǐhuǒle," tā xiǎng. Tā hé lǎo fāngzhàng
shì péngyǒu, suǒyǐ tā juédìng qù bāngzhù fāngzhàng. Tā
fēi zài yúnshàng dàole sìmiào. Tā kànlekàn sìzhōu. Xiān shì
kàndào fāngzhàng de fángjiān méiyǒu qǐhuǒ. Ránhòu tā
kàndào yì zhī yòu dà yòu chǒu de hóuzi zuòzài fáng dǐng
shàng, xiàng huǒ chuī qì. Tā zhīdào zhè zhī hóuzi zhèngzài
ràng huǒ biàn dé gèng dà. Tā zǒu jìn fāngzhàng de fáng

烧着了所有的木头。孙悟空吹了一口长气，它变成了强大的风，让火更大。黑烟和红色的火焰上到了天空。星星看不见了。明亮的红色火焰上到两里上的天空，可以从千里外看到。唐僧和马在辟火罩下很安全，但是大殿里的其他地方都在火焰中。

当大殿烧起来的时候，二十里远的地方有一个妖怪在他的洞里睡觉。那个洞叫黑风洞，它在黑风山中。妖怪从火光中醒来，他以为这是早上。但当他看了一会儿，他可以看到光是来自远方的火焰。

"一定是寺庙起火了，"他想。他和老方丈是朋友，所以他决定去帮助方丈。他飞在云上到了寺庙。他看了看四周。先是看到方丈的房间没有起火。然后他看到一只又大又丑的猴子坐在房顶上，向火吹气。他知道这只猴子正在让火变得更大。他走进方丈的房他可以看到光是来自远方的火焰。

Tā kěyǐ kàndào guāng shì láizì yuǎnfāng de huǒyàn.

He could see that the light was coming from a distant fire.

jiān, kànkan fāngzhàng shìbúshì hái hǎo, ránhòu tā

kàndàole měilì de sēngyī. Tā wàngle bāngzhù

fāngzhàng de shì. Tā zhuā qǐ sēngyī, pǎo chū fángjiān,

ránhòu fēihuíle Hēi Fēng shān.

Sūn Wùkōng zhèngzài kànzhe huǒ, bǎ huǒ biàn dà,

suǒyǐ tā méiyǒu kàn dào yāoguài nále sēngyī. Tā

děngdào wǔ gēng, zhèshí huǒ shāowánle. Ránhòu tā

náqǐ Pì Huǒ Zhào, bǎ tā huán gěi tā de péngyǒu

Guǎngmù. Ránhòu tā huídào Tángsēng nàlǐ, ràng tā

xǐnglái. Tángsēng zhànleqǐlái, kànlekàn sìzhōu, wèn

dào: "Dàdiàn zài nǎlǐ? Fāshēngle shénme shì?"

"Zuótiān wǎnshàng qǐhuǒle. Lǎo hóuzi bǎohùle nǐ!"

"Rúguǒ nǐ néng bǎohù wǒ, nǐ wèishénme bú mièhuǒ

ne?"

"Yīnwèi wǒ xīwàng nǐ kàndào zhēnxiàng. Lǎo

fāngzhàng àishàngle nǐ de sēngyī. Tā hé qítā héshang

fànghuǒ, yīnwèi tāmen xiǎngyào shāsǐ wǒmen, liúxià

sēngyī."

间，看看方丈是不是还好，然后他看到了美丽的僧衣。他忘了帮助方丈的事。他抓起僧衣，跑出房间，然后飞回了黑风山。

孙悟空正在看着火，把火变大，所以他没有看到妖怪拿了僧衣。他等到五更[19]，这时火烧完了。然后他拿起辟火罩，把它还给他的朋友广目。然后他回到唐僧那里，让他醒来。唐僧站了起来，看了看四周，问道："大殿在哪里？发生了什么事？"

"昨天晚上起火了。老猴子保护了你！"

"如果你能保护我，你为什么不灭火呢？"

"因为我希望你看到真相。老方丈爱上了你的僧衣。他和其他和尚放火，因为他们想要杀死我们，留下僧衣。"

---

[19] Fifth Watch, the night's fifth 2-hour period, from 3 to 5 am.

"Zhēnde ma? Wǒ bú zhème rènwéi. Wǒ juédé shì nǐ zìjǐ fàngde huǒ, yīnwèi nàxiē héshang ràng nǐ shēngqì le."

"Nǐ zhēnde rènwéi lǎo hóuzi huì zuò nàyàng de shì ma? Bù, wǒ méiyǒu fànghuǒ. Shì héshangmen fàng de. Dāngrán zhèshì zhēnde, wǒ méiyǒu bāngzhù tāmen mièhuǒ. Qíshí, wǒ bìxū gàosù nǐ, wǒ bāngzhù bǎ huǒ shāo dé dà yìdiǎn."

"Tiān a! Huǒ qǐlái de shíhòu, nǐ yīnggāi bǎ huǒ mièle! Nǐ wèishénme bú nàyàng zuò?"

"Nǐ zhīdào yǒu yíjù lǎohuà ma: 'Rúguǒ yígè rén bù shānghài lǎohǔ, lǎohǔ jiù búhuì shānghài zhège rén.' Shì tāmen fàngde huǒ. Wǒ zhǐshì bāngle yíxià. Xiànzài, ràng wǒmen náshàng nǐde sēngyī, líkāi zhège dìfāng."

Sūn Wùkōng zǒuxiàng héshangmen. Héshangmen kàndào Tángsēng hé yòu dà yòu bù hǎokàn de hóuzi zǒuchū shāo huài de dàdiàn, tāmen hàipà jíle. Tāmen bǎ shǒu fàngzài tóushàng, dǎozài dìshàng, kūzhe shuō: "Nǐmen shì rén háishì guǐ?"

"真的吗？我不这么认为。我觉得是你自己放的火，因为那些和尚让你生气了。"

"你真的认为老猴子会做那样的事吗？不，我没有放火。是和尚们放的。当然这是真的，我没有帮助他们灭火。其实，我必须告诉你，我帮助把火烧得大一点。"

"天啊！火起来的时侯，你应该把火灭了！你为什么不那样做？"

"你知道有一句老话吗：'如果一个人不伤害老虎，老虎就不会伤害这个人。'是他们放的火。我只是帮了一下。现在，让我们拿上你的僧衣，离开这个地方。"

孙悟空走向和尚们。和尚们看到唐僧和又大又不好看的猴子走出烧坏的大殿，他们害怕极了。他们把手放在头上，倒在地上，哭着说："你们是人还是鬼？"

"Bié zhèyàng!" Sūn Wùkōng hǎn dào. "Wǒ zhǐshì yì zhī lǎo hóuzi. Gěi wǒ nà jiàn sēngyī, wǒmen jiù líkāi."

Héshangmen dōu pǎodào lǎo fāngzhàng de fángjiān, gāo hǎn dào: "Shèng fù, Tangsēng hé nàge hóuzi yídìng shì shén. Tāmen méiyǒu bèi huǒ shāosǐ. Mǎshàng gěi tāmen nà jiàn sēngyī!" Fāngzhàng zhǎole sēngyī, dāngrán sēngyī méiyǒu zài nàlǐ. Lǎo fāngzhàng gǎndào fēicháng de tòngkǔ. Tā zhīdào sēngyī búzài le, yídàbàn de sìmiào yě méiyǒu le. Tā zǒu dào zuìjìn de mén, dǎozài dìshàng, lǎorén de tóu zhòngzhòng de dǎzài dìshàng, sǐ le.

Sūn Wùkōng zài měiyígè dìfāng zhǎo sēngyī. Tā jiǎnchále měiyígè héshang, jiǎnchále tāmen de fángjiān. Tā jiǎnchále lǎo fāngzhàng de shītǐ hé tā de fángjiān. Tā jiǎnchále sìmiào de měiyígè fángjiān. Jiùshì zhǎobúdào sēngyī. Tā zuòxiàlái xiǎngle yīhuǐ'er. Ránhòu tā wèn dào, "Gàosù wǒ, fùjìn yǒu shénxiān huò yāoguài ma?"

"Yǒu de," yí wèi héshang huídá shuō, "Dōngnán fāngxiàng èr

"别这样！"孙悟空喊道。"我只是一只老猴子。给我那件僧衣，我们就离开。"

和尚们都跑到老方丈的房间，高喊道："圣父，唐僧和那个猴子一定是神。他们没有被火烧死。马上给他们那件僧衣！"方丈找了僧衣，当然僧衣没有在那里。老方丈感到非常地痛苦。他知道僧衣不在了，一大半的寺庙也没有了。他走到最近的门，倒在地上，老人的头重重的打在地上，死了。

孙悟空在每一个地方找僧衣。他检查了每一个和尚，检查了他们的房间。他检查了老方丈的尸体和他的房间。他检查了寺庙的每一个房间。就是找不到僧衣。他坐下来想了一会儿。然后他问道，"告诉我，附近有神仙或妖怪吗？"

"有的，"一位和尚回答说，"东南方向二

shí lǐ de dìfāng shì Hēi Fēng shān. Zài shānshàng yǒu

Hēi Fēng dòng. Zhù zài shāndòng lǐ de shì dà hēi wáng.

Tā hé wǒmen de fāngzhàng shì péngyǒu, tāmen

jīngcháng jiànmiàn tán dào."

"Zhè jiù duìle, shīfu!" Sūn Wùkōng duì Tángsēng shuō

dào. "Zuówǎn de dàhuǒ liǎng bǎi lǐ yuǎn dōu kěyǐ

kàndào. Nàge yāoguài kànjiànle huǒguāng, láidào

zhèlǐ, nále sēngyī, ránhòu fēihuíle tā de dòng. Bié

dānxīn, lǎo hóuzi huì zhàogùhǎo zhè shì de!"

Sūn Wùkōng zhuǎnshēn kànzhe héshangmen. Tā

mànman de shuō, "Wǒ zhīdào nǐmen huì hǎohǎo

zhàogù wǒ de shīfu hé tā de mǎ. Yào kāixīn yúkuài de

qù zhàogù tāmen. Gěi tāmen liǎng gè rén hàochī de

shíwù. Rúguǒ nǐmen bú zhèyàng zuò, wǒ jiù huì yòng

wǒ de Jīn Gū Bàng dǎ nǐmen." Ránhòu tā bǎ Jīn Gū

Bàng ná zài shǒu lǐ, dǎ dào qiáng shàng. Qiáng dǎo zài

dìshàng, hái yǒu hòumiàn de qī, bā miàn qiáng yě dǎo

zài dìshàng. Tángsēng shuōdào, "Jiùxiàng

十里的地方是黑风山。在山上有黑风洞。住在山洞里的是大黑王。他和我们的方丈是朋友，他们经常见面谈道。"

"这就对了，师父！"孙悟空对唐僧说道。"昨晚的大火两百里远都可以看到。那个妖怪看见了火光，来到这里，拿了僧衣，然后飞回了他的洞。别担心，老猴子会照顾好这事的！"

孙悟空转身看着和尚们。他慢慢地说，"我知道你们会好好照顾我的师父和他的马。要开心愉快地去照顾他们。给他们两个人好吃的食物。如果你们不这样做，我就会用我的金箍棒打你们。"然后他把金箍棒拿在手里，打到墙[20]上。墙倒在地上，还有后面的七、八面墙也倒在地上。 唐僧说道，"就像

---

[20] 墙　　qiáng – wall

nǐmen kàndào de, wǒ de túdì xìngzi bù hǎo. Nǐmen
zhēnde bùxiǎngyào ràng tā shēngqì!" Héshangmen
hàipà jíle, tāmen shuō yào hǎohǎo zhàogù Tángsēng
hé tā de mǎ.

Sūn Wùkōng fēi wǎng Hēi Fēng shān. Tā zài yún shàng
zuòle yīhuǐ'er, kànzhe zhè zuò měilì de shān. Méiyǒu
rén, dàn yǒu xǔduō shùmù, xīliú, niǎo hé dòngwù.
Dāng Sūn Wùkōng zài kàn měilì de dàshān de shíhòu,
tā tīng dào yǒu shēngyīn. Wǎng xià kàn, tā kàndào sān
gè yāoguài zuò zài dìshàng, shuōzhe huà. Zuǒbiān shì
yígè kànqǐlái xiàng dàoren de yāoguài. Zhōngjiān shì
yīgè kànqǐlái yǒudiǎn xiàng xióng de hēi yāoguài. Zài
yòubiān shì yígè chuānzhe bái cháng yī xiàng dúshūrén
de yāoguài.

Hēi yāoguài xiàozhe shuō: "Míngtiān shì wǒ de
shēngrì. Nǐmen liǎng gè huì lái kàn wǒ ma?"

"Dāngrán," bái cháng yī de dúshūrén shuōdào. "Wǒmen
měinián dōuhuì lái. Jīnnián wèishénme bù lái?"

"Wǒ yǒu tèbié de dōngxi yào gěi nǐmen kàn. Zuówǎn
wǒ ná dào

你们看到的，我的徒弟性子不好。你们真的不想要让他生气！"和尚们害怕极了，他们说要好好照顾唐僧和他的马。

孙悟空飞往黑风山。他在云上坐了一会儿，看着这座美丽的山。没有人，但有许多树木，溪流，鸟和动物。当孙悟空在看美丽的大山的时侯，他听到有声音。往下看，他看到三个妖怪坐在地上，说着话。左边是一个看起来像道人的妖怪。中间是一个看起来有点像熊的黑妖怪。在右边是一个穿着白长衣像读书人的妖怪。

黑妖怪笑着说："明天是我的生日。你们两个会来看我吗？"

"当然，"白长衣的读书人说道。"我们每年都会来。今年为什么不来？"

"我有特别的东西要给你们看。昨晚我拿到

往下看，他看到三个妖怪坐在地上，说着话。

Wǎng xià kàn, tā kàndào sān gè yāoguài zuò zài dìshàng, shuōzhe huà.

Looking down, he saw three monsters sitting on the ground, talking.

le yígè xīn de guìzhòng dōngxi, yí jiàn fózǔ zìjǐ kěyǐ chuān de sēngyī. Suǒyǐ wǒ huì jǔxíng yígè dà yànhuì, jiào tā wéi 'fó yī dàhuì' ".

Sūn Wùkōng tīngdào zhèxiē huà, tā biàn dé fēicháng shēngqì. Tā tiàodào dìshàng hǎn dào: "Nǐ zhège ná biérén dōngxi de yāoguài! Nǐ nále wǒ de sēngyī! Xiànzài bǎ tā huán gěi wǒ, búyào shìzhe táopǎo." Ránhòu tā xiàng sān gè yāoguài huīzhe tā de Jīn Gū Bàng. Hēi yāoguài zài fēng zhōng fēizǒu le. Dàoren táodàole yún lǐ. Dànshì Jīn Gū Bàng dǎdàole báiyī dúshūrén de tóushàng, tā dǎoxià sǐle, tā sǐle yǐhòu biànchéngle yìtiáo sǐ báishé.

Sūn Wùkōng gēnzhe hēi yāoguài, yìzhí dàole dà mén qián. Mén shàngfāng yǒu yígè páizi: "Hēi Fēng shān, Hēi Fēng dòng". Tā yòng tā de Jīn Gū Bàng dǎ mén, gāo hǎn dào, "Kāimén! Kāimén!" Yígè xiǎo móguǐ chūlái, Sūn Wùkōng gàosù xiǎo móguǐ, tā lái shì yào jiàn yāoguài.

了一个新的贵重东西，一件佛祖自己可以穿的僧衣。所以我会举行一个大宴会，叫它为'佛衣大会'"。

孙悟空听到这些话，他变得非常生气。他跳到地上喊道："你这个拿别人东西的妖怪！你拿了我的僧衣！现在把它还给我，不要试着逃跑。"然后他向三个妖怪挥着他的金箍棒。黑妖怪在风中飞走了。道人逃到了云里。但是金箍棒打到了白衣读书人的头上，他倒下死了，他死了以后变成了一条死白蛇。

孙悟空跟着黑妖怪，一直到了大门前。门上方有一个牌子："黑风山，黑风洞"。他用他的金箍棒打门，高喊道，"开门！开门！"一个小魔鬼出来，孙悟空告诉小魔鬼，他来是要见妖怪。

Xiǎo móguǐ pǎo jìnqù duì yāoguài shuō: "Dàwáng, wàimiàn yǒu yígè héshang, liǎnshàng dōu shì máo, shēngyīn xiàng léishēng. Tā shuō sēngyī shì tā de, tā xiǎngyào náhuíqù."

Yāoguài zhànle qǐlái. Tā chuānshàng hēisè sī cháng yī, zhòngzhòng de kuījiǎ hé hēisè de xiézi. Tā náqǐ yì bǎ jiàn, zǒudào wàimiàn qù jiàn Sūn Wùkōng.

Sūn Wùkōng shuō: "Wǒ de sēngyī shì fàng zài sìmiào zhōng lǎo fāngzhàng de fángjiān lǐ de. Nàlǐ qǐle huǒ. Sìmiào shāohuàile, dànshì sēngyī bèi názǒule. Wǒ zhīdào nǐ nále tā, yīnwèi wǒ tīngdào nǐ zài jiǎng nǐ míngtiān yào jǔxíng fó yī dàhuì. Xiànzài mǎshàng gěi wǒ nà jiàn sēngyī. Rúguǒ nǐ shuōchū bàn gè 'bù', wǒ huì dǎsǐ nǐ, dǎhuài nǐ de dòng hé dòng lǐ de suǒyǒu dōngxi."

Yāoguài zhǐ kànzhe hóuzi. "Nǐ shì shuí? Nǐ néng zuò shénme?"

"A, zhèshì yígè hěn cháng de gùshì," Sūn Wùkōng shuō,

小魔鬼跑进去对妖怪说："大王，外面有一个和尚，脸上都是毛，声音像雷声。他说僧衣是他的，他想要拿回去。"

妖怪站了起来。他穿上黑色丝长衣，重重的盔甲和黑色的鞋子。他拿起一把剑，走到外面去见孙悟空。

孙悟空说："我的僧衣是放在寺庙中老方丈的房间里的。那里起了火。寺庙烧坏了，但是僧衣被拿走了。我知道你拿了它，因为我听到你在讲你明天要举行佛衣大会。现在马上给我那件僧衣。如果你说出半个'不'，我会打死你，打坏你的洞和洞里的所有东西。"

妖怪只看着猴子。"你是谁？你能做什么？"

"嗯，这是一个很长的故事，"孙悟空说，

妖怪站了起来。他穿上黑色丝长衣，重重的盔甲和黑色的鞋子。他拿起一把剑，走到外面去见孙悟空。

Yāoguài zhànle qǐlái. Tā chuānshàng hēisè sī cháng yī, zhòngzhòng de kuījiǎ hé hēisè de xiézi. Tā náqǐ yī bǎ jiàn, zǒudào wàimiàn qù jiàn Sūn Wùkōng.

The monster stood up. He put on a black silk robe, heavy armor, and black shoes. He picked up a sword and went outside to meet Sun Wukong.

tā kāishǐ gàosù yāoguài suǒyǒu tā zìjǐ de gùshì: Tā chūshēng shí shì yì zhī shí hóu, tā zǎonián zài Huāguǒ shān shàng, tā de dì yī wèi lǎoshī shì Pútí zǔshī, tā zài tiānshàng de shíhòu, yùjiàn Tàishàng Lǎojūn, Guānyīn, Yùhuáng Dàdì hé fózǔ, tā zài shānxià shēnghuó de wǔbǎi nián, tā hé Tángsēng de jiànmiàn. Ránhòu tā gàosùle yāoguài suǒyǒu yòng Jīn Gū Bàng néng zuò de shìqing.

Nàge yāoguài ānjìng de zuòzhe, tīngzhe zhège gùshì, zhège gùshì jiǎngle hěn cháng shíjiān. Dāng gùshì zhōngyú jiéshù shí, yāoguài dà xiàoleqǐlái, shuō: "Wǒ tīngshuōguò nǐ! Nǐ shì zài tiāngōng zàochéng dà máfan de bèn hóuzi!"

"Búyào jiào wǒ bèn hóu!" Sūn Wùkōng hǎn dào, tā yòng Jīn Gū Bàng dǎ yāoguài. Liǎng rén zài dòng qián dǎleqǐlái. Yígè shì sēngrén de túdì, lìng yígè shì yāoguài. Yígè yòng bàng, lìng yígè yòng jiàn. Yígè yòng 'báihǔ shàngshān', lìng yígè yòng 'huánglóng zài dì'.

Tāmen dǎle bàntiān. Zuìhòu yāoguài shuō, "Sūn, wǒmen dōu

他开始告诉妖怪所有他自己的故事：他出生时是一只石猴，他早年在花果山上，他的第一位老师是菩提祖师，他在天上的时候，遇见太上老君，观音，玉皇大帝和佛祖，他在山下生活的五百年，他和唐僧的见面。然后他告诉了妖怪所有用金箍棒能做的事情。

那个妖怪安静地坐着，听着这个故事，这个故事讲了很长时间。当故事终于结束时，妖怪大笑了起来，说："我听说过你！你是在天宫造成大麻烦的笨猴子！"

"不要叫我笨猴！"孙悟空喊道，他用金箍棒打妖怪。两人在洞前打了起来。一个是僧人的徒弟，另一个是妖怪。一个用棒，另一个用剑。一个用"白虎上山"，另一个用"黄龙在地"。

他们打了半天。最后妖怪说，"孙，我们都

"不要叫我笨猴！"孙悟空喊道，他用金箍棒打妖怪。

"Búyào jiào wǒ bèn hóu!" Sūn Wùkōng hǎn dào, tā yòng Yīn Gū Bàng dǎ yāoguài.

"Don't you call me a stupid monkey!" shouted Sun Wukong, and he struck the monster with his Golden Hoop Rod.

lèile. Wǒmen kěyǐ xiūxi yíxià chī zhōngfàn ma?"

"Nǐ zhège méiyǒu yòng de yāoguài," Sūn Wùkōng huídá dào. "Zhǐ zhàndòule bàntiān, nǐ zěnme jiù huì gǎndào lèile? Kàn wǒ, wǒ zài shānxià shēnghuóle wǔbǎi nián, méiyǒu shuǐ hē. Xiànzài nǐ hái xiǎng yào chīfàn? Bié shuōhuà le, zhǐyào huán gěi wǒ sēngyī, nǐ jiù kěyǐ qù chīfàn le."

Yāoguài shénme yě méi shuō, jiù táohuíle tā de dòng lǐ, guānshàngle mén. Sūn Wùkōng méiyǒu bànfǎ jìnrù dòng lǐ, suǒyǐ tā huídàole sìmiào.

"Wùkōng, nǐ huíláile!" Tángsēng shuōdào. "Nǐ ná dào wǒde sēngyī le ma?"

"Méiyǒu, dàn wǒ jiàndàole ná sēngyī de yāoguài. Tā zhù zài Hēi Fēng shān. Wǒ tīngdào tā gàosù tāde liǎng gè péngyǒu, tā názǒule sēngyī. Wǒ shāsǐle tāmen zhōng de yígè kànqǐlái xiàng dúshūrén, dàn tā zhēnde shì báishé biàn de yāoguài. Lìng yígè kànqǐlái xiàng yígè dàorén, tā táozǒule. Wǒ hé yāoguài dǎ

累了。我们可以休息一下吃中饭吗？"

"你这个没有用的妖怪，"孙悟空回答道。"只战斗了半天，你怎么就会感到累了？看我，我在山下生活了五百年，没有水喝。现在你还想要吃饭？别说话了，只要还给我僧衣，你就可以去吃饭了。"

妖怪什么也没说，就逃回了他的洞里，关上了门。孙悟空没有办法进入洞里，所以他回到了寺庙。

"悟空，你回来了！"唐僧说道。"你拿到我的僧衣了吗？"

"没有，但我见到了拿僧衣的妖怪。他住在黑风山。我听到他告诉他的两个朋友，他拿走了僧衣。我杀死了他们中的一个看起来像读书人，但他真的是白蛇变的妖怪。另一个看起来像一个道人，他逃走了。我和妖怪打

le bàntiān, dàn tā pǎo jìn dòng lǐ guānshàngle mén. Xiànzài wǒ bìxū huíqù ná sēngyī," ránhòu Sūn Wùkōng kànzhe héshangmen, "wǒ xīwàng nǐmen gěile wǒ shīfu hào chī de shíwù, gěile wǒde mǎ hěn hǎo de cǎo." "Ò, shì de," tāmen kū hǎn dào.

"Shì de," Tángsēng tóngyì dào. "Nǐ zhǐ líkāile bàntiān, dàn tāmen yǐjīng gěile wǒ sāncì chá, gěile wǒ yí dùn hào chī de sùshí."

"Hěn hǎo," Sūn Wùkōng huídá dào. "Búyào dānxīn. Wǒ huì nádào sēngyī de."

Sūn Wùkōng fēi huí Hēi Fēng shān. Bànlùshàng, tā kàndào yǒu yígè xiǎo móguǐ názhe yì zhī xiǎobāo. Sūn Wùkōng xiàlái zǒudào lùshàng, yòng Jīn Gū Bàng dǎsǐle xiǎo móguǐ, názǒule bāo. Tā dǎkāi bāo. Lǐmiàn fàngzhe liǎng kē yào dān hé yì fēng xìn, xìn shàng xiězhe:

了半天，但他跑进洞里关上了门。现在我必须回去拿僧衣，"然后孙悟空看着和尚们，"我希望你们给了我师父好吃的食物，给了我的马很好的草。""哦，是的，"他们哭喊道。

"是的，"唐僧同意道。"你只离开了半天，但他们已经给了我三次茶，给了我一顿好吃的素食。"

"很好，"孙悟空回答道。"不要担心。我会拿到僧衣的。"

孙悟空飞回黑风山。半路上，他看到有一个小魔鬼拿着一只小包。孙悟空下来走到路上，用金箍棒打死了小魔鬼，拿走了包。他打开包。里面放着两颗药丹和一封信，信上写着：

Qīn'ài de dà fāngzhàng, nǐ de hēixióng péngyǒu

xiàng nǐ wènhǎo. Wǒ gǎnxiè nǐ gěi wǒ de suǒyǒu

lǐwù. Duìbùqǐ, zuówǎn sìmiào qǐhuǒ shí wǒ méiyǒu

bànfǎ bāng nǐ. Wǒ xīwàng nǐ méiyǒu shòushāng.

Wǒ xiànzài yǒu yí jiàn fēicháng piàoliang de fó yī,

wǒ xiǎng qǐng nǐ cānjiā Fó Yī Dàhuì, hē měijiǔ, chī

měishí. Wǒ xīwàng nǐ néng lái. Fó Yī Dàhuì shì zài

liǎng tiān hòu jǔxíng.

Sūn Wùkōng zuò zài dìshàng xiàozhe shuō: "Ò, xiànzài wǒ míngbáile! Lǎo fāngzhàng shì hēi yāoguài de péngyǒu. Zhè jiùshì tā néng huódào èrbǎi qīshí suì, yāoguài yídìng gěile tā yìxiē mófǎ, ràng tā huó dé cháng yìdiǎn. Wǒ huì biànle wǒ de yàngzi, ràng wǒ kànqǐlái xiàng fāngzhàng, jìn yāoguài de dòng!"

Sūn Wùkōng biànle zìjǐ de yàngzi, xiànzài tā kànqǐlái jiù xiàng lǎo fāngzhàng. Tā zǒudào shāndòng qián, dǎzhe mén, shuō: "Kāimén!"

Yāoguài duì tā de xiǎo móguǐ shuō: "Fāngzhàng zěnme zhème kuài jiù lái dào zhèlǐ? Wǒ xiǎng shì Sūn Wùkōng ràng tā lái zhèlǐ názǒu sēngyī de. Bǎ tā fànghǎo, fāngzhàng jiù kànbúdào tā le!"

亲爱的大方丈，你的黑熊朋友向你问好。我
感谢你给我的所有礼物。对不起，昨晚寺庙
起火时我没有办法帮你。我希望你没有受
伤。我现在有一件非常漂亮的佛衣，我想请
你参加佛衣大会，喝美酒、吃美食。我希望
你能来。佛衣大会是在两天后举行。

孙悟空坐在地上笑着说："哦，现在我明白
了！老方丈是黑妖怪的朋友。这就是他能活
到二百七十岁，妖怪一定给了他一些魔法，
让他活得长一点。我会变了我的样子，让我
看起来像方丈，进妖怪的洞！"

孙悟空变了自己的样子，现在他看起来就像
老方丈。他走到山洞前，打着门，说："开
门！"

妖怪对他的小魔鬼说："方丈怎么这么快就
来到这里？我想是孙悟空让他来这里拿走僧
衣的。把它放好，方丈就看不到它了！"

Ránhòu, yāoguài chuānshàng yí jiàn shēnlǜsè sīzuòde hěnhǎode wàiyī, zài chuānshàng hēisè xiézi. Ránhòu tā zǒudào qiánmén, ràng Sūn Wùkōng jìn dòng.

"Wǒ de lǎo péngyǒu," tā shuō, "wǒmen hǎojǐtiān dōu méi jiànguòmiàn le. Qǐng zuòxiàlái hē diǎn chá!" Ránhòu tā jìxù shuōdào, "Wǒ gānggāng sòngle xìn gěi nǐ, qǐng nǐ liǎngtiānhòu láicānjiā Fó Yī dàhuì. Nǐ wèishénme zhème zǎo lái zhèlǐ?"

"Wǒ běnlái jiùshì yào lái de, shì lái xiàng nǐ wènhǎo de. Ránhòu wǒ zài lùshàng yùdàole nǐ de sòngxìn rén, zhīdàole Fó Yī dàhuì, jiù juédìng zǎodiǎn lái, zhèyàng wǒ jiù kěyǐ kàndào sēngyīle."

"Dàn nǐ yǐjīng zài nǐ de sìmiào lǐ kàndào tā le. Nǐ wèishénme hái xiǎng kàn?"

Sūn Wùkōng zhèng zhǔnbèi huídá, lìng yígè xiǎo móguǐ pǎo jìn dòng lǐ shuō: "Tiān nǎ, a, dàwáng! Nǐ sòngxìn de púrén zài lùshàng bèi Sūn Wùkōng shāle. Wǒmen juédé Sūn Wùkōng dúle xìn,

然后，妖怪穿上一件深绿色丝做的很好的外衣，再穿上黑色鞋子。然后他走到前门，让孙悟空进洞。

"我的老朋友，"他说，"我们好几天都没见过面了。请坐下来喝点茶！"然后他继续说道，"我刚刚送了信给你，请你二天后来参加佛衣大会。你为什么这么早来这里？"

"我本来就是要来的，是来向你问好的。然后我在路上遇到了你的送信人，知道了佛衣大会，就决定早点来，这样我就可以看到僧衣了"

"但你已经在你的寺庙里看到它了。你为什么还想看？"

孙悟空正准备回答，另一个小魔鬼跑进洞里说："天哪，啊，大王！你送信的仆人在路上被孙悟空杀了。我们觉得孙悟空读了信，

biànle tā de yàngzi, ràng tā kànqǐlái xiàng lǎo fāngzhàng!"

Hēi yāoguài tiàoleqǐlái, shǒu lǐ názhe jiàn. Sūn Wùkōng biànhuí tā zìjǐ de yàngzi, shǒu lǐ názhe Jīn Gū Bàng. Liǎng rén dǎleqǐlái, bǐ yǐqián dǎ dé gèng lìhài. Tāmen kāishǐ zài dòng lǐ dǎ, ránhòu tāmen jìxù zài shāndòng wài zhàndòu. Tāmen yòu jìxù zài Hēi Fēng shāndǐng shàng dǎ. Zuìhòu, tāmen shàngdàole yún lǐ zài nàlǐ dǎ. Tāmen dǎle yìtiān, yìzhí dào tàiyáng zài xīfāng biàn hóng.

"Wǒ lèile," yāoguài shuō, "wǒmen kěyǐ míngtiān zài jìxù dǎ ma?"

Dànshì Sūn Wùkōng yìzhí zài yòng Jīn Gū Bàng dǎ yāoguài. Zuìhòu, yāoguài biànchéng fēng, chuī huíle tā de dòng. Tā guānshàngle mén.

Sūn Wùkōng méiyǒu bànfǎ. Tā zhuǎnshēn fēi huí sìmiào, hé Tángsēng tánle zhè shì. Tángsēng wèn tā: "Shúi dǎ de gèng hǎo, nǐ háishì yāoguài?"

"Wǒmen dǎ de yíyàng," Sūn Wùkōng shuō. "Wǒ bù zhī

变了他的样子，让他看起来像老方丈！"

黑妖怪跳了起来，手里拿着剑。孙悟空变回他自己的样子，手里拿着金箍棒。两人打了起来，比以前打得更厉害。他们开始在洞里打，然后他们继续在山洞外战斗。他们又继续在黑风山顶上打。最后，他们上到了云里在那里打。他们打了一天，一直到太阳在西方变红。

"我累了，"妖怪说，"我们可以明天再继续打吗？"

但是孙悟空一直在用金箍棒打妖怪。最后，妖怪变成风，吹回了他的洞。他关上了门。

孙悟空没有办法。他转身飞回寺庙，和唐僧谈了这事。唐僧问他："谁打得更好，你还是妖怪？"

"我们打得一样，"孙悟空说。"我不知

dào wǒ shìbúshì néng yíng tā."

Ránhòu, Tángsēng hé Sūn Wùkōng yìqǐ dúle xìn. "A!" Sūn Wùkōng shuō, "xiànzài wǒ míngbáile. Nà yāoguài zhēnde shì xióng yāojing. Tā běnlái shì yì zhī dòngwù, yì zhī xióng, dàn jīngguò hěnduō de gōngzuò hé xuéxí, tā chéngle yígè yāojing. Wǒ chūshēng shí yěshì yì zhī dòngwù, yì zhī hóuzi, jīngguò hěnduō de gōngzuò hé xuéxí, wǒ chéngle Qí Tiān Dà Shèng."

"Zhè jiùshì wèishénme nǐmen dǎ de yíyàng," Tángsēng shuō.

Tāmen chīle héshangmen zhǔnbèi de sùshí, ránhòu tāmen qù shuìjiàole. Zǎoshàng, Sūn Wùkōng juédìng qù jiàn Guānyīn, yīnwèi tā shuōguò rúguǒ tāmen xūyào tā de bāngzhù, tā huì bāngzhù tāmen de. Tā yòngle tā de jīndǒu yún, hěn kuài fēidào Guānyīn zhùde nánhǎi Bǔtuóluòjiā shān. Tā dàole, zǒudào Guānyīn zuòzhe de huāyuán lǐ, xiàng tā dīdīde jūle gōng.

"Nǐ wèishénme lái zhèlǐ?" Tā wèn dào, "Nǐ yīnggāi bāngzhù Tangsēng."

道我是不是能赢他。"

然后，唐僧和孙悟空一起读了信。"啊！"孙悟空说，"现在我明白了。那妖怪真的是熊妖精。他本来是一只动物，一只熊，但经过很多的工作和学习，他成了一个妖精。我出生时也是一只动物，一只猴子，经过很多的工作和学习，我成了齐天大圣。"

"这就是为什么你们打得一样，"唐僧说。

他们吃了和尚们准备的素食，然后他们去睡觉了。早上，孙悟空决定去见观音，因为她说过如果他们需要她的帮助，她会帮助他们的。他用了他的筋斗云，很快飞到观音住的南海補陀落伽山。他到了，走到观音坐着的花园里，向她低低的鞠了躬。

"你为什么来这里？"她问道，"你应该帮助唐僧。"

"Wǒmen xiàng xī zǒu, dàole yízuò sìmiào, dāngdì rén xiàng nǐ jūgōng, gěi nǐ shíwù. Dànshì nǐ ràng xióng yāoguài zhù zài fùjìn. Tā nále shīfu de sēngyī, bùxiǎng huán gěi wǒmen."

"Wǒ zhīdào zhè shì, nǐ zhè bù dǒngshì de hóuzi. Wǒ hái zhīdào shì nǐ zìjǐ zhǎo de máfan. Nǐ gěi héshangmen kàn sēngyī, ràng tāmen xiǎng yào tā. Nǐ zàole fēng, ránhòu ràng huǒ shāo de gèng dà, suǒyǐ tā huǐhuàile wǒ de sìmiào. Nǐ zuòle zhèxiē shì hòu, hái xiǎngyào wǒde bāngzhù?"

Zhège shíhòu, hóuzi míngbáile Guānyīn kěyǐ kàndào yǐqián de shìqing, hé yǐhòu de shìqing. Tā zhīdào tā yǒu dà zhìhuì. Tā jūgōng shuōdào, "Duìbùqǐ, dàshī. Nǐ shuō de dōu shì zhēnde. Dànshì wǒ bìxū bǎ sēngyī huán gěi wǒ shīfu. Rúguǒ wǒ bú zhèyàng zuò, tā huì ràng wǒde tóu gū zài wǒ tóu shàng biàn jǐn, ràng wǒ hěn tòng. Tài tòngkǔ le. Qǐng bāng wǒ náhuí sēngyī, zhèyàng wǒmen cáinéng jìxù wǒmen de xīyóu."

Guānyīn tóngyìle, tāmen liǎng rén cóng Bǔtuóluòjiā fēidàole Hēi

"我们向西走，到了一座寺庙，当地人向你鞠躬、给你食物。但是你让熊妖怪住在附近。他拿了师父的僧衣，不想还给我们。"

"我知道这事，你这不懂事的猴子。我还知道是你自己找的麻烦。你给和尚们看僧衣，让他们想要它。你造了风，然后让火烧得更大，所以它毁坏了我的寺庙。你做了这些事后，还想要我的帮助？"

这个时候，猴子明白了观音可以看到以前的事情，和以后的事情。他知道她有大智慧。他鞠躬说道，"对不起，大师。你说的都是真的。但是我必须把僧衣还给我师父。如果我不这样做，他会让我的头箍在我头上变紧，让我很痛。太痛苦了。请帮我拿回僧衣，这样我们才能继续我们的西游。"

观音同意了，他们两人从補陀落伽飞到了黑

Fēng shān. Dànshì dāng tāmen fēi jìn Hēi Fēng shān

shí, tāmen wǎng xià kàn, kàndàole xiàng báiyī dàoren

de sēngrén. Tā názhe yígè pánzi, pánzi shàng fàngle

liǎng kē yàowán. Sūn Wùkōng méiyǒu shuō yíjù huà,

tā zhǐshì xiàdàole sēngrén shēnshàng, yòng Jīn Gū

Bàng dǎ tāde tóu. Sēngrén dǎoxià sǐle.

"Nǐ wèishénme nàyàng zuò?" Guānyīn wèn dào. "Tā

méiyǒu duì nǐ zuò shénme shì."

"Nǐ bú rènshì tā, dàn wǒ rènshì. Tā shì hēixióng

yāoguài de péngyǒu. Tāmen zuótiān zài yìqǐ shuōhuà.

Wǒ xiǎng tā shì yào qù cānjiā Hēi Fēng shān de Fó Yī

dàhuì de."

Tāmen kànle sǐqù de sēngrén, zài tāmen kànzhe tā de

shíhòu, tā biànchéngle yì zhī sǐ láng. Tūrán, Sūn

Wùkōng xiàozhe shuō: "Dàshī, wǒ yǒu gè hǎo zhǔyì!"

Tā hěn kuài bǎ tā de zhǔyì gàosùle Guānyīn. Tā

tóngyìle.

风山。但是当他们飞近黑风山时，他们往下看，看到了像白衣道人的僧人。他拿着一个盘子，盘子上放了两颗药丸。孙悟空没有说一句话，他只是下到了僧人身上，用金箍棒打他的头。僧人倒下死了。

"你为什么那样做？"观音问道。"他没有对你做什么事。"

"你不认识他，但我认识。他是黑熊妖怪的朋友。他们昨天在一起说话。我想他是要去参加黑风山的佛衣大会的。"

他们看了死去的僧人，在他们看着他的时侯，他变成了一只死狼[21]。突然，孙悟空笑着说："大师，我有个好主意！"他很快把他的主意告诉了观音。她同意了。

---

[21] 狼　　láng – wolf

Tā mǎshàng biànle tā de yàngzi, ràng tā kànqǐlái jiù xiàng báiyī dàoren. Sūn Wùkōng hǎn dào, "Tài shénqíle! Dàshī shì dàoren ne, háishì dàoren shì dàshī?"

Guānyīn xiàozhe huídá shuō: "Hóuzi, wǒ gàosù nǐ, lǎoshī hé sēngrén zhǐshì yígè xiǎngfǎ, tāmen shénme dōu búshì." Sūn Wùkōng kànzhe tā xiǎnglexiǎng, dàn shénme dōu méi shuō.

Ránhòu Sūn Wùkōng yě biànle tāde yàngzi, tā kànqǐlái xiàng yì kē yàowán, dàn bǐ pánzi shàng de yàowán dà yìdiǎn. Guānyīn kàndào liǎng kē dàxiǎo bùtóng de yàowán. Tā bǎ yì kē zhēnde yàowán fàng zài tāde yīfú lǐ. Ránhòu tā bǎ dà yàowán hé lìng yígè xiǎo yàowán fàng zài pán shàng, tā zǒudào dòng de ménqián. Dǎzhe mén.

Yígè xiǎo móguǐ kànjiànle Guānyīn, tā kànqǐlái jiù xiàng báiyī dàoren. Móguǐ gàosù hēixióng yāoguài shuō sēngrén yǐjīng dàole.

她马上变了她的样子，让她看起来就像白衣道人。孙悟空喊道，"太神奇了！大师是道人呢，还是道人是大师？"

观音笑着回答说："猴子，我告诉你，老师和僧人只是一个想法[22]，他们什么都不是。"孙悟空看着她想了想，但什么都没说。

然后孙悟空也变了他的样子，他看起来像一颗药丸，但比盘子上的药丸大一点。观音看到两颗大小不同的药丸。她把一颗真的药丸放在她的衣服里。然后她把大药丸和另一个小药丸放在盘上，她走到洞的门前。打着门。

一个小魔鬼看见了观音，她看起来就像白衣道人。魔鬼告诉黑熊妖怪说僧人已经到了。

---

[22] 想法　　　**xiǎngfǎ – thought**

Yāoguài zǒu qù kāimén. "Wǒ de lǎo péngyǒu," tā shuō, "wǒ hěn gāoxìng nǐ lái kàn wǒ!"

"Zhè wèi dīxià de dàoren wèi nǐ zhǔnbèile yí fèn xiǎo lǐwù," Guānyīn shuō. Tā náqǐ nà kē dà yàowán gěile hēixióng yāoguài, shuō: "Xīwàng nǐ huó yìqiān nián!"

"Xièxie nǐ!" Yāoguài huídá shuō, "Nǐ ne, qǐng nǐ zìjǐ yě chī yì kē yàowán ba." Guānyīn náqǐ yàowán děngzhe. Yāoguài bǎ dà yàowán nádào zuǐ biān. Túrán, yàowán tiào jìn le tā de zuǐ lǐ. Zài yāoguài shēntǐ lǐ, Sūn Wùkōng huídào tā běnlái de yàngzi. Tā zài yāoguài de shēntǐ lǐ dǎle tā jǐcì, ránhòu cóng yāoguài de bízi lǐ fēi chūlái. Yāoguài dǎozàile dìshàng. Guānyīn biànhuíle tā zìjǐ de yàngzi, zhuāzhùle sēngyī. Ránhòu tā zài yāoguài tóu shàng fàngle yígè mó tóu gū, jiù xiàng Sūn Wùkōng tóu shàng de nàge.

妖怪走去开门。"我的老朋友，"他说，
"我很高兴你来看我！"

"这位低下的道人为你准备了一份小礼
物，"观音说。她拿起那颗大药丸给了黑熊
妖怪，说："希望你活一千年！"

"谢谢你！"妖怪回答说，"你呢，请你自
己也吃一颗药丸吧。"观音拿起药丸等着。
妖怪把大药丸拿到嘴边。突然，药丸跳进了
他的嘴里。在妖怪身体里，孙悟空回到他本
来的样子。他在妖怪的身体里打了他几次，
然后从妖怪的鼻子[23]里飞出来。妖怪倒在了
地上。观音变回了她自己的样子，抓住了僧
衣。然后她在妖怪头上放了一个魔头箍，就
像孙悟空头上的那个。

---

[23] 鼻子　　　　bízi – nose

妖怪把大药丸拿到嘴边。突然，药
丸跳进了他的嘴里。

Yāoguài bǎ dà yàowán nádào zuǐ biān.
Tūrán, yàowán tiào jìn le tā de zuǐ lǐ.

The monster moved the large pill to
his mouth. Suddenly the pill jumped
into his mouth.

Yāoguài zhànleqǐlái, xiǎngyào ná qǐ tā de jiàn. Dàn
Guānyīn niànle yìxiē shénqí de huà, yāoguài de tóu gū
biàn de fēicháng jǐn, tā dǎozàile dìshàng, tòng de
kūleqǐlái. Sūn Wùkōng kàndào Guānyīn zuò de shì, dà
xiàoleqǐlái.

"Xiànzài, nǐ néng zuò wǒ ràng nǐ zuòde shì ma?"
Guānyīn duì yāoguài shuōdào.

"Shì, wǒ huì de. Qǐng búyào shā wǒ!"

Yāoguài zài dìshàng shí, Sūn Wùkōng yòng tāde Jīn Gū
Bàng dǎ tā. Dàn Guānyīn shuō, "Búyào shānghài tā,
wǒ yǒu yí fèn gōngzuò yào gěi tā."

"Tā zhǐshì yígè yāoguài. Tā yǒu shénme yòng?" Sūn
Wùkōng wèn dào.

"Tā bù zhǐshì yì zhī yāoguài. Tā kěyǐ bāngzhù wǒ. Wǒ
xūyào yǒu rén lái bǎohù Bǔtuóluòjiā shān hòumiàn.
Zhège gōngzuò duì tā zhènghǎo." Ránhòu Guānyīn pāi
pāi yāoguài de tóu, gàosù tā, tā de xīn gōngzuò jiùshì
bāng tā zuòshì. Yāoguài diǎndiǎn

妖怪站了起来，想要拿起他的剑。但观音念了一些神奇的话，妖怪的头箍变得非常紧，他倒在了地上，痛得哭了起来。孙悟空看到观音做的事，大笑了起来。

"现在，你能做我让你做的事吗？"观音对妖怪说道。

"是，我会的。请不要杀我！"

妖怪在地上时，孙悟空用他的金箍棒打他。但观音说，"不要伤害他，我有一份工作要给他。"

"他只是一个妖怪。他有什么用？"孙悟空问道。

"他不只是一只妖怪。他可以帮助我。我需要有人来保护補陀落伽山后面。这个工作对他正好。"然后观音拍拍妖怪的头，告诉他，他的新工作就是帮她做事。妖怪点点

tóu, dàn shénme dōu méi shuō.

Zhuǎnshēn xiàng Sūn Wùkōng, tā shuō, "Xiànzài zhèlǐ jiéshùle. Nǐ bìxū huíqù wèi Tangsēng zuòshì. Zài yícì qǐng nǐ búyào zhǎo máfanle."

Sūn Wùkōng xiàng Guānyīn shēnshēn de jūle yì gōng, ránhòu líkāi qù bǎ sēngyī huán gěi tā shīfu. Guānyīn dàizhe xióng yāoguài huídàole Bǔtuóluòjiā shān. Zài tā fēi de shíhòu, míngliàng de yún zài tā sìzhōu, kōngqì zhōng xiǎngzhe hǎotīng de yīnyuè.

Xiànzài nǐ míngbáile ma, wǒ de háizi? Nǐ kàndào de dōngxi shì nǐ xīnzhōng de xiǎngfǎ juédìng de. Sūn Wùkōng xǐhuān dǎdòu, suǒyǐ dāng tā kàndào xióng yāoguài shí, tā zhǐ kàndàole yāoguài. Dàn dāng Guānyīn kàndào tóng yígè yāoguài shí, tā kàndàole yígè kěyǐ biàn hǎo de rén.

Xiànzài shì shuìjiào shíjiān le. Wǎn'ān, wǒ de háizi. Wǒmen míngtiān zài jiǎng! Wǒ ài nǐ.

头，但什么都没说。

转身向孙悟空，她说，"现在这里结束了。你必须回去为唐僧做事。再一次请你不要找麻烦了。"

孙悟空向观音深深地鞠了一躬，然后离开去把僧衣还给他师父。观音带着熊妖怪回到了補陀落伽山。在她飞的时侯，明亮的云在她四周，空气中响着好听的音乐。

现在你明白了吗，我的孩子？你看到的东西是你心中的想法决定的。孙悟空喜欢打斗，所以当他看到熊妖怪时，他只看到了妖怪。但当观音看到同一个妖怪时，她看到了一个可以变好的人。

现在是睡觉时间了。晚安，我的孩子。我们明天再讲！我爱你。

THE MONSTER OF BLACK WIND MOUNTAIN

My dear child, last night I told you about the monk Tangseng, who began his great journey to the west with his friend and disciple Sun Wukong, the Monkey King. Tonight I will tell you some of the things that happened to them in the first few months of their journey.

Tonight's story begins in winter. The sky was cold, snow was falling, and a strong wind was blowing from the west. Tangseng was riding his horse. Sun Wukong's horse carried their baggage, and Sun Wukong walked beside it.

Tangseng heard the sound of running water. He said, "I have heard that the name of this place is Eagle Grief Creek. I think I can hear the sound of the water now."

Soon they arrived at the creek. As the horses began to drink, there was a loud sound. A small dragon came out of the water. Tangseng was so frightened that he fell to the ground. The dragon opened its great mouth and ate Tangseng's horse in one big bite, then it turned and dove back into the water.

Sun Wukong picked up Tangseng and set him down on higher ground. "Master," he said, "you wait here. I will get our baggage."

"The water is deep and wide. How can you find our baggage?" asked Tangseng.

"Don't worry," replied Sun Wukong, "it is not a

problem. You just wait here."

Sun Wukong jumped up into the air, shaded his eyes with his hand, and looked in all four directions. He saw the baggage. He jumped into the water and pulled the baggage up onto the bank.

"Ah, what will we do now?" cried Tangseng. "If my horse was eaten, I will have to walk. How can I pass through these mountains? How can I walk ten thousand miles to the West, to do the job that the great Buddha asked me to do?"

"Ah, stop crying," said Sun Wukong. "You sound like a baby. Just wait here and let Old Monkey find that dragon. I will ask it to give us back our horse."

As Sun Wukong was saying this, a voice called out, "Sun Wukong, please don't be angry. And Tangseng, please don't be afraid. We will help you. I am the Golden Headed Guardian. I bring you the six Gods of Darkness and the six Gods of Light. Each of us will help you, one at a time."

"OK, good," said Sun Wukong. "You take care of my Master. I will go and find that stupid dragon and bring back our horse." He stood up tall, holding his Golden Hoop Rod in his hand. He called loudly, "Lawless snake, return my horse! Return my horse now!"

The dragon was resting at the bottom of the creek. He had just eaten a horse and he did not want to do anything except rest. But when he heard the monkey shouting at him, he came up out of the water and said, "Who comes here and scolds me with his big mouth?"

"Don't ask questions. Just return my horse!" replied Sun Wukong, and they began to fight. They fought for a long time. Sun Wukong used his rod to hit the dragon on the head and body; the dragon tried to bite the monkey and hurt him with his tail and claws. Neither one could win the fight, so after a while the dragon became very tired, so he just dove down into the creek.

Sun Wukong returned to the monk, saying that he could not win the fight against the dragon. Tangseng smiled and said, "You once told me that you could kill any tiger and any dragon. Why can't you kill this one?"

This made the Monkey King very angry. He jumped up and shouted, "Not one more word from you! I will show this stupid dragon who is the master!" Then he used magic to make the water very dirty. The dragon had to come up out of the water. He shouted, "What monster are you? Where do you come from? And why are you causing me all this trouble?"

"Never mind who I am and where I come from," replied Sun Wukong. "Just give me back my horse and you can live."

"Stupid monkey, I ate your horse," shouted the dragon. "It's in my belly. How can I return it to you now?"

"If you don't return my horse, I will take your life!" replied Sun Wukong, and they started to fight again. But like before, neither one could win. So the dragon changed into a water snake and went into the tall grass. This made Sun Wukong so angry that smoke came out of his ears!

He knew that he needed help to find the dragon. So he spoke some magic words, and immediately the local spirit and the local mountain god were standing before him. Sun Wukong was still angry. "Stand there. Don't move," he said, "I will hit each of you with my rod five times, just to make myself feel better."

"Please don't be angry," said the local spirit, "Let us tell you about this creek and this dragon. The creek is called Eagle Grief Creek because its water is so clean that birds see themselves in the water. They dive into the water to fight those other birds, and needless to say, they die.

"Now, let me tell you about this dragon. He is the son of the great king of the Western Ocean. A long time ago he was young and careless, and one day he accidentally set fire to the palace. Many valuable things were destroyed by the fire. His father was angry, and he was going to let his son be killed by the Jade Emperor himself. But then the great monk Guanyin arrived. She said that she needed a creature to wait in this river for the Tang Monk who would come one day and need help. The dragon's job was to wait until the monk arrived, and then carry the monk on his journey to the western heaven. That was his job. I don't know why he ate the monk's horse instead!"

"But he did not help us at all!" said Sun Wukong. "He

ate our horse, he fought with me, and then he changed into a water snake and ran away. Now I need to find him and get my horse back."

The local spirit said, "I think you should ask Guanyin to help you. If she asks the dragon to come out, he certainly will!"

"That's a good idea," replied Sun Wukong. He went back to Tangseng to tell him that he was going to see Guanyin. But Tangseng was afraid to be alone without Sun Wukong. So Sun Wukong stayed with Tangseng, and the Golden Headed Guardian went to Potalaka Mountain to find Guanyin. Guanyin listened to his story, then she agreed to come and help.

Soon Guanyin arrived. She waited in the clouds and asked the Golden Headed Guardian to bring Sun Wukong to her. But when Sun Wukong arrived, he did not even bow to Guanyin. He said, "You call yourself a teacher and a bodhisattva. But you used tricks to harm me and my Master!"

Guanyin just laughed, saying "Oh, you stupid red-butt! I worked very hard to find a monk who would save your life and free you from the mountain where you lived for five hundred years. And now you find fault with me?"

"Yes, you saved me," replied Sun Wukong. "But you made me serve this Tang monk. Then you gave the monk a magic headband, which is now on my head, and now whenever he wants to hurt me, he says some magic words, the headband becomes tight, and it really hurts!"

"Oh my dear monkey," replied Guanyin, "you don't listen to me, and you don't listen to the monk. The magic headband is just a way to keep you out of trouble! Without it, you would cause Heaven to be angry with you again." Then she turned to the Golden Headed Guardian and said, "Go to the edge of the creek and say, 'Come out, third son of the Dragon King Auron. Guanyin from the South Sea is here.'"

The Golden Headed Guardian went to the edge of the creek and said the words. Right away, the dragon jumped out of the water, saying, "Thank you for saving my life, Guanyin. I have been waiting for the monk, but he has not arrived yet."

Guanyin pointed to Sun Wukong and said to the dragon, "And isn't this the disciple of the monk that you are waiting for?"

"Him? Who is he? I just met him yesterday. I was hungry, so I ate his horse. He never said anything about a monk. I even asked him his name and where he came from, but he did not tell me."

Guanyin just looked off into the distance and said, "Yes, he is a very difficult monkey." Then she walked up to the dragon and stood in front of him. She blew softly on him. "Change!" she said. The dragon changed into a horse that looked just like the one that he ate the day before.

Guanyin said to the dragon horse, "Now, remember the job I gave you. You will serve the monk and carry him to the western heaven. But you will do it as a horse, not a dragon. When you are finished, you will not be a horse or a dragon, you will become like a perfect golden fruit." Then she prepared to leave. But Tangseng stopped her, saying, "Please don't go. I cannot travel to the western heaven with this monkey. We will not survive!"

"Please don't worry," replied Guanyin. "If you run into trouble, ask Heaven for help, and Heaven will help you. Ask Earth for help, and Earth will also help you. Ask me for help, and I will also help you. Now, I have one more thing to give you. Come closer." Then she placed three green leaves on the back of Tangseng's head and said, "Change!" The three leaves became three magic hairs. "If you ever are in extreme danger, use these hairs, they will save you." Then she rose into the air and returned to Potalaka Mountain.

Tangseng mounted the dragon horse, and together with Sun Wukong they continued their journey. It was late in the day, the sun was low in the western sky, and the sky grew dark. They were alone on the road and the weather was getting cold. Ahead, Tangseng saw a village with many small buildings. A sign across the entrance said "Lishe Shrine".

Tangseng and Sun Wukong left the horses outside and walked into the shrine. An old man met them, and invited them inside for tea.

"Thank you for letting us in," said Tangseng. "Please tell me, why is this place called Lishe Shrine?"

"There is a village behind the shrine," replied the man. "Li is the name of the village. In every season, families from the village bring food to the shrine, so that their fields will give them much food to eat."

"In my country, we do not do these things. You know the saying, 'Just three miles from your home, the people do things differently.' "

"Ah. And where do you come from?"

"This poor monk was sent from Chang'an by the Tang Emperor to seek Buddhist scriptures in the Western Heaven. We were walking on the road, it was getting late, and we saw your fine shrine, so we ask to stay here tonight. We will leave early tomorrow morning." And then Tangseng told the old man the story of their meeting with the dragon in Eagle Grief Creek.

When Tangseng was finished telling his story, the old man asked a youth to prepare a vegetarian dinner for the two travelers. Afterwards, they all went to bed for the night.

In the morning, the old man gave Tangseng a beautiful harness for his horse. As Tangseng was thanking him, the old man and the shrine both disappeared in a cloud of smoke. From the sky, a voice said, "Holy monk, I am the local spirit of Potalaka Mountain. The great Guanyin asked me to give you this harness and last night's lodging.

Now you must continue your westward journey. Remember to always work hard!"

Tangseng was so frightened that he fell down on the ground. He bowed again and again to the sky. Sun Wukong just stood and laughed at him, saying "Master, get up! He is a long time gone, he cannot hear you anymore!"

"Stop that meaningless talk," muttered Tangseng. "Now let's get going." He mounted his horse again, and they resumed their journey.

They traveled for another two months with no trouble. The season changed from winter to early spring. One day, when the trees were beginning to turn green and new grass was appearing on the ground, they saw buildings in the distance. As they came closer, they saw that it was a beautiful temple. It had many buildings and several tall towers. It was surrounded by tall trees. They saw many monks quietly sitting on the ground with their eyes closed.

As they approached the gate, a monk came out. The monk wore a hat, a cassock with a silk sash, and shoes made of straw. In his hand he held a wooden fish, telling him to be always work hard to achieve enlightenment. Tangseng put both of his hands together at his chest. The monk did the same, but then he saw Sun Wukong and was afraid. Tangseng told him not to be afraid of his disciple.

The monk invited the visitors inside to have tea with him. Tangseng told him that they were traveling to the western heaven to seek Buddhist scriptures for the Tang Emperor. He also said quietly to the monk, "Be careful, do not anything bad about the monkey. He is easily angered!"

Together they entered the great hall. Tangseng bowed to the golden Buddha. One of the young monks struck a large bell several times. But when he finished, Sun Wukong continued to strike the bell loudly, again and again. All the monks in the temple came to the great hall, asking, "Who is the fool who is striking the bell?"

Sun Wukong jumped up and shouted, "It is your Grandpa Sun, striking the bell to amuse himself!"

When the monks saw the large ugly monkey, they were frightened and fell onto the ground. Sun Wukong laughed at them. Finally they got up off the floor, and sat down in the back of the room while Tangseng, Sun Wukong and the monk had tea and a vegetarian meal.

After dinner, a very old man arrived. He was so old that two young boys had to help him walk. His face was full of wrinkles so he looked like an old witch. His could not see very well, and several teeth were missing from his mouth. The monk said, "The old abbot is here!"

Tangseng bowed to him, saying "Your disciple bows to you." The old abbot returned the bow, and they all sat down.

The old abbot said, "Just now I heard from the young ones that two holy fathers from the Tang Court have arrived from the East. I came here to greet you."

"We are just two poor monks traveling through your country. Please excuse us for entering your temple," replied Tangseng.

"May I ask the holy Tang monk how far he has traveled?"

"After leaving Chang'an I traveled five thousand miles. Then I picked up my disciple, and since then we have traveled another five thousand miles."

"So, you have traveled ten thousand miles. This foolish old monk has never even gone outside this temple. He is like a frog sitting in a well, looking up at the sky!"

"May I ask, what is the age of the great abbot?"

"Foolishly I have spent two hundred and seventy years." Then looking at the Monkey King, he asked, "And you, disciple, how old are you?"

"I cannot say," replied Sun Wukong. He did not want to tell the old abbot that he was thousands of years old. But the old abbot simply nodded, drank his tea and said nothing.

A young man brought tea in a beautiful teacup. Tangseng told the old abbot that the teacup was very beautiful. "Oh, it is nothing," the old abbot replied. "But you come from a great city. Did you bring any beautiful things from Chang'an?"

"I'm sorry, there is nothing valuable in Chang'an," replied Tangseng. "And if there was, we could not bring it on our long journey." Of course, Tangseng did not want to talk about valuable things in front of these strangers.

The Monkey King looked up when he heard this. "Master, we have a beautiful cassock, perhaps you could show that to the great abbot?"

When the other monks heard this, they laughed. One monk said, "Cassocks are very common. Most monks own twenty or thirty of them. And our great abbot has lived for a long time and owns seven hundred cassocks! Do you want to see them?" And with that, some of the young monks brought out a great many cassocks. They took out the cassocks for Tangseng and Sun Wukong to see. The cassocks were made of fine silk, embroidered with gold and silver thread. They were beautiful, but Sun Wukong only said, "OK, OK, now put these away. We have a cassock that is more beautiful than any of these!"

Tangseng was horrified by this. Turning to Sun Wukong he whispered, "Don't say these things! We are strangers here, far from home. You should not show valuable goods to someone who is dishonest. Once he sees it, he will want it. And if he wants it, he will try to take it!"

"Relax," replied Sun Wukong, "Old Monkey will take care of everything!" Then he took out Tangseng's cassock and showed it to the old abbot and all the other monks in the room. When he held up the cassock, a bright red light filled the room, and sweet-smelling air filled the great hall.

The old abbot walked up to the cassock, knelt down, and began to cry.

"Why are you crying?" asked Tangseng.

"It is late in the day, and my old eyes cannot see this cassock," he replied. "Would you let me take it back to my room so that I may have a better look at it? I will return it to you tomorrow morning."

Tangseng did not like this, and he glared at Sun Wukong. But then he said to the abbot, "Of course you may have it until the morning. But please be very careful with it!"

After that, the abbot gave instructions for the young monks to give Tangseng and Sun Wukong beds in the great hall, and everyone else went to their rooms for the night. Everyone went to sleep, but the old abbot did not sleep. He sat in his room in front of the cassock, crying loudly. Several monks came into his room. One of them asked, "Why are you crying?"

"It is too late!" replied the abbot.

"What do you mean?"

"I can only look at this cassock for one night. Look at me! I am two hundred and seventy years old. I have hundreds of cassocks, but I really want to keep this one."

"That's no problem. Put it on for tonight and be happy. Tomorrow we will ask our guests to stay one more day, and you can wear the cassock tomorrow. If you want, we can ask them to stay ten more days, and you can wear it for ten days. If you want to wear it for a year, we will ask them to stay here for a year."

"But then they will go, right?"

Another monk spoke, "This is also not a problem. We will just kill them while they sleep!" At this, the abbot clapped his hands with joy and said, "Yes, this idea is very good!"

But a third monk spoke, "No, that will not work. We can kill the monk. But the monkey is big, strong, and dangerous. I don't think we can kill him. And we do not want to make him angry!"

"Do you have any good ideas?" asked the abbot.

"We have two hundred monks here at the monastery. Let's call every monk and ask them to bring wood. We will set the wood all around the great hall. We will lock the doors. Then we will light the wood. The great hall will burn, the visitors will die in the fire, but it will look like the fire started by itself. And you can keep the cassock for yourself."

The old abbot loved this idea, and he told the monks to start bringing the wood.

Now, Tangseng was sleeping, but the Monkey King was

not sleeping. He was resting but his eyes were open. He heard sounds outside the room. "That is strange," he thought. "It is night, a time for rest. Why are people carrying things around outside the room?" So he changed into an insect and flew outside the room to see what was going on. He saw monks putting a lot of firewood outside the room.

"My master was right," he thought. "They want to kill us and steal the cassock. I could just use my Golden Hoop Rod to kill them all, but then my master would be angry at me again. I must do something else."

So he did a cloud somersault, and right away he was in Heaven. He went to see his friend Guangmu Tianwang, a powerful spirit who lived in Heaven. "Hello, my old friend!" said Guangmu, "How are you? I heard you became a disciple of a monk who is traveling to the West. How's it going?"

"No time to discuss that!" snapped Sun Wukong. "Some bad people are trying to kill my master with fire. I need to borrow your Fire Repelling Cover, right now. I will return it to you as soon as I can."

"That is foolish. It's easy to put out a fire. Just use water."

"I can't do that. I need to let the fire burn. Hurry up, just give me the Fire Repelling Cover!"

Guangmu said nothing to Sun Wukong, he just gave him the Fire Repelling Cover. Sun Wukong took it back to the monastery, and used it to cover Tangseng, the white horse, and their baggage. Then he went outside to sit on the roof and watch.

One of the monks lit the fire. It began to spread rapidly, burning all the wood. Sun Wukong blew out a long breath, and it turned into a strong wind that made the fire even larger. Black smoke and red flames rose up to the sky. The stars vanished. The bright red flames rose two miles into the sky and could be seen from a thousand miles away. Tangseng and the horse were safe underneath the Fire Repelling Cover, but the rest of the great hall was in flames.

While the great hall was burning, twenty miles away a monster was sleeping in his cave. The cave was called Black Wind Cave, and it was in Black Wind Mountain. The monster was awakened by light, and he thought it was morning. He looked at it for a time, and he could see that the light was coming from a distant fire.

"It must be the monastery on fire," he thought. He and the old abbot were friends, so he decided to go and help the abbot. He flew on a cloud and arrived at the monastery. He looked around. First, he saw that the abbot's room was not on fire. Then he saw a big ugly monkey sitting on the roof, making a wind that fed the fire. He understood that the monkey was making the fire bigger. He went into the abbot's room to see if the abbot was ok, and then he saw the beautiful cassock. He forgot about helping the abbot. He grabbed the cassock, ran out of the room, and flew back to Black Wind Mountain.

Sun Wukong was watching the fire and helping it to grow, so he did not see the monster take the cassock. He waited until the fifth watch, when the fire had burned out. Then he picked up the Fire Repelling Cover and returned it to his friend Guangmu. Then he went back to Tangseng and woke him up. Tangseng stood up, looked around, and asked, "Where is the great hall? What happened?"

"There was a fire last night. Old Monkey protected you from it!"

"If you could protect me, why didn't you just put out the fire?"

"Because I wanted you to see the truth. The old abbot fell in love with the cassock. He and the other monks started the fire because they wanted to kill us and keep the cassock."

"Is that right? I don't think so. I think you started the fire yourself, because the monks made you angry."

"Do you really think Old Monkey would do something like that? No, I didn't start the fire. The monks started it. Of course, it's true that I did not help them put the fire out. In fact, I must tell you, I helped the fire a little bit."

"My God! When a fire starts, you should put it out! Why didn't you do that?"

"You know the old saying: 'If a man does not hurt the tiger, the tiger will not hurt the man.' They started the fire. I just helped it a little bit. Now, let's get your cassock and get out of this place."

Sun Wukong walked over to the monks. The monks saw Tangseng and the big ugly monkey walking out of the place where the great hall had burned to the ground, and they were terrified. They put their hands over their heads and fell to the ground, crying, "Are you men or ghosts?"

"Stop that!" cried Sun Wukong. "I am just Old Monkey. Give me the cassock and we will be going."

The monks all ran to the room of the old abbot, shouting, "Great father, the Tang monk and the monkey must be gods. They were not burned by the fire. Give them the cassock, right now!" The abbot looked for the cassock, but of course it was not there. The old abbot was overwhelmed with grief. He saw that the cassock was gone, and so was most of the monastery. The old man fell down, his head hit heavily against the ground, and he died.

Sun Wukong looked everywhere for the cassock. He searched every one of the monks. He searched their rooms. He searched the old abbot's body and his room. He looked in every place in the monastery. But he could not find the cassock. He sat and thought for a while. Then he asked, "Tell me, is there a spirit or monster living nearby?"

"Yes," replied a monk, "about twenty miles southeast is Black Wind Mountain. In the mountain is Black Wind

Cave. And living in the cave is the Great Black King. He and our abbot were friends, they met often to discuss the Dao."

"That's it, Master!" said Sun Wukong to Tangseng. "Last night's big fire could have been seen for two hundred miles. The monster saw the light, came here, grabbed the cassock, and flew back to his cave. Don't worry, Old Monkey will take care of this!"

Sun Wukong turned to look at the monks. He said slowly, "I know that you will take good care of my master and his horse. Be cheerful and pleasant. Give good food to both of them. If you don't, you will meet my rod." And he took his rod in his hand and smashed it into a wall. The wall collapsed to the ground, and so did seven or eight more walls that were behind it. Tangseng said, "As you can see, my disciple has a short temper. You really do not want to make him angry!" The monks were terrified, and they said they would take very good care of Tangseng and his horse.

Sun Wukong flew to Black Wind Mountain. He sat on his cloud for a while, looking at the beautiful mountain. There were no people, but there were many trees, streams, birds and animals. Sun Wukong was looking at the beautiful mountain, but then he heard voices. Looking down, he saw three monsters sitting on the ground, talking. On the left was a monster who looked like a Daoist priest. In the middle was a black monster who looked a little bit like a bear. And on the right was a monster wearing the white robes of a scholar.

The black monster laughed and said, "Tomorrow is my birthday. Will you two come visit me?"

"Of course," said the white robed scholar. "We come every year. Why would we not come this year?"

"I have something special to show you. Last night I picked up a new treasure, a cassock that is good enough for the Buddha himself to wear. So I will give a feast and call it 'The Feast of the Buddha Robe.'"

Sun Wukong heard these words, and he became very angry. He jumped down to the ground and shouted, "You thieving monsters! You took my cassock! Give it back to me right now, and don't try to run away." Then he swung his rod at all three of the monsters. The black monster flew away on the wind. The Daoist priest escaped into the clouds. But the rod struck the white-robed scholar on the head, and he fell dead. When he died, he turned into a dead white snake.

Sun Wukong followed the black monster until he arrived at a great door. Above the door was a sign: "Black Wind Mountain, Black Wind Cave". He struck the door with his rod, shouting, "Open the door! Open the door!" A little demon came out, and Sun Wukong told the demon that he had come to see the monster.

The little demon ran back inside and said to the monster, "Great King, there is a monk outside, with a hairy face and a voice like thunder. He says the cassock belongs to him, and he wants it back."

The monster stood up. He put on a black silk robe, heavy armor, and black shoes. He picked up a sword and went outside to meet Sun Wukong.

Sun Wukong said, "My cassock was in the monastery, in the room of the old abbot. There was a fire. The monastery burned, but the cassock was taken. I know you took it, because I heard you talk about the Feast of the Buddha Robe you are planning for tomorrow. Give me the cassock right now. If you say even half a 'no', I will smash you, your cave and everything in it."

The monster just looked at the monkey. "And who are you? What can you do?"

"Well, that's a long story," said Sun Wukong, and he began to tell the monster his whole life story: his birth as a stone monkey, his early years on Flower Fruit Mountain, his first teacher Master Subodhi, his time in Heaven, his meetings with Laozi, Guanyin, the Jade Emperor and the Buddha himself, the five hundred years he lived under a mountain, and his meeting with Tangseng. Then he told the monster all the things he could do with his Golden Hoop Rod.

The monster sat quietly and listened to this story, which lasted a long time. When the story was finally over, the monster laughed and said, "I've heard of you! You are the stupid monkey who caused big trouble in Heaven!"

"Don't you call me a stupid monkey!" shouted Sun Wukong, and he struck the monster with his rod. The two began to fight in front of the cave. One was a disciple of the monk, the other was a monster. One used a rod, the other used a sword. One used the "white tiger climbing the mountain", the other used "yellow dragon on the ground".

They fought for half a day. Finally the monster said, "Sun, we are both tired. Can we just take a rest and eat some lunch?"

"You useless devil," replied Sun Wukong. "How can you be tired after only half a day of fighting? Look at me. I lived under a mountain for five hundred years with no water to drink. And now you want to eat lunch? Stop talking and just give me the cassock, then you can go eat."

The monster said nothing, he ran away back to his cave and shut the door. Sun Wukong could not enter the cave, so he returned to the monastery.

"Wukong, you have returned!" said Tangseng. "Do you have my cassock?"

"No, but I met the monster who took it. He lives in Black Wind Mountain. I heard him telling two friends that he took the cassock. I killed one of them who looked like a scholar but was really a white snake who had become a spirit. The other one looked like a Daoist monk, he got away. I fought with the monster for half a day, but he ran away into his cave and closed the door. Now I must go back and get the cassock." Then Sun Wukong looked at the monks. "I hope you have given

good food to my master, and good hay to my horse."
"Oh yes," they cried.

"Yes," agreed Tangseng. "You have only been gone for half a day, but they have already given me tea three times and served me a tasty vegetarian meal."

"That's good," replied Sun Wukong. "Don't worry about a thing. I will get the cassock."

Sun Wukong flew back to Black Wind Mountain. About halfway there, he saw a small demon on the road carrying a small package. Sun Wukong came down to the road, killed the demon with his rod, and took the package. He opened it. Inside the package were two pills, and a letter that read:

> *Dear great abbot, greetings from your friend the Black Bear. I thank you for all the gifts you have given me. I am sorry I could not help you last night when your monastery was burned. I hope you are not hurt. I now have a very nice Buddhist robe, and I want to invite you to a Festival of the Buddha Robe, with fine wine and good food. I hope you can come. It is two days from now.*

The Monkey King sat on the ground and laughed, saying "Oh, now I see! The old abbot was friends with the black monster. That's how he lived to be two hundred and seventy years old, the monster must have given him some magic to give him longer life. I will change my appearance, so I look like the abbot and enter the monster's cave!"

And so Sun Wukong changed his appearance, and now looked just like the old abbot. He walked up to the cave and banged on the door, saying, "Open the door!"

The monster said to his little demon, "How did the abbot get here so quickly? I think the Monkey King sent him here to get the cassock. Put it away so the abbot does not see it!" Then the monster put on a fine jacket made of dark green silk and put on black leather shoes. Then he went to the front door and let Sun Wukong into the cave.

"My old friend," he said, "we have not seen each other for several days. Please sit down and have some tea!" Then he continued, "I just sent you an invitation to come in two days, for a Festival of the Buddha Robe. Why are you here so early?"

"I was coming anyway, just to say hello. Then I ran into your messenger on the road, learned about the Festival, and decided to come early so I could see the cassock."

"But you have already seen it, in your monastery. Why do you want to see it again?"

Just as Sun Wukong was about to answer, another little demon ran into the cave, saying, "Disaster, O great king! Your servant who carried the invitation was killed on the road by the Monkey King. We think that the Monkey King read the invitation, and changed his appearance so he looks like the old abbot!"

The black monster jumped up and took his sword in his hand. Sun Wukong changed back to his original appearance and took his rod in his hand. The two began to fight, much harder than before. They started fighting in the cave, but then they continued their fight outside the cave. Then they kept fighting at the top of Black Wind Mountain. Finally they rose up to the clouds and fought there. All day they battled, until the sun grew red in the west.

"I am tired," said the monster, "can we just continue this tomorrow?"

But Sun Wukong just kept hitting the monster with his rod. Finally the monster changed into the wind, and blew back into his cave. He shut the door.

Sun Wukong had no choice. He turned around and flew back to the monastery to discuss the matter with Tangseng. Tangseng asked him, "Who is the better fighter, you or the monster?"

"We are evenly matched," said Sun Wukong. "I don't know if I can win against him."

Then Tangseng and Sun Wukong read the letter together. "Aha!" said Sun Wukong, "now I understand. That monster is really a bear spirit. He originally was an animal, a bear, but after much work and study he became a spirit. I also was born an animal, a monkey, and through hard work and study I became the Great Sage Equal to Heaven."

"That is why you are evenly matched," said Tangseng.

They had a vegetarian meal prepared by the monks, then they went to sleep. In the morning, Sun Wukong decided to go see Guanyin, because she had said that she would help them if they ever needed her help. Using his cloud somersault, he flew rapidly to Potalaka Mountain in the South Sea, where Guanyin lived. He arrived, walked to the garden where Guanyin was sitting, and bowed low to her.

"Why are you here?" she asked, "You were supposed to be helping the Tang monk."

"We were traveling west, and arrived at a temple where the local people bow to you and offer you food. But you let a bear monster live nearby. He has taken the master's cassock and will not return it."

"I know about that, you ignorant monkey. I also know that you created this problem yourself. You showed the cassock to the monks, to make them want it. And you created the wind to make the fire bigger, so that it destroyed my temple. And after all that, you want my help?"

In that moment, the monkey understood that Guanyin could see things from the past, and also things that in the future. He understood that she had great wisdom. He bowed and said, "I am sorry, great teacher. Everything you say is true. But I must return the cassock to my master. If I don't, he will make the headband tight on my head, giving me great pain. The pain is too great. Please help me get the cassock so we can continue on our journey west."

Guanyin agreed, and the two of them flew from Potalaka to Black Wind Mountain. But as they were coming close to the mountain, they looked down and saw the white-robed Daoist monk. He was carrying a tray, and on the tray were two pills. Sun Wukong didn't say a word, he just dropped down on the monk and hit him on the head with the rod. The monk fell down and died.

"Why did you do that?" asked Guanyin. "He didn't do anything to you."

"You don't know him, but I do. He is a friend of the black bear monster. They were talking together yesterday. I think he was going to the big Festival at Black Wind Mountain."

They looked at the dead monk, and as they watched, he changed into a dead wolf. Sun Wukong laughed and said, "Great teacher, I have a good idea!" He quickly told it to Guanyin. She agreed.

Instantly she changed her appearance so that she looked just like the white-robed Daoist monk. Sun Wukong cried out, "Marvelous! Is the great teacher the Daoist monk, or is the Daoist monk the great teacher?"

Guanyin smiled and replied, "Monkey, I tell you, both the teacher and the monk exist in a single thought. They are both nothing." Sun Wukong looked at her thoughtfully but did not say anything.

Then Sun Wukong also changed his appearance, so he looked like a pill, but slightly larger than the pills on the tray. Guanyin saw that the two pills were different size. She put one of the original pills inside her clothes. Then she put the large pill and the other small pill on the tray, and she walked up to the doorway of the cave. She knocked on the door.

One of the little demons saw Guanyin, who looked like the white robed monk. The demon told the black bear monster that the monk had arrived.

The monster went and opened the door. "My old friend," he said, "I am so happy that you came to see me!"

"This humble Daoist monk has a small gift for you," said Guanyin. She picked up the large pill and gave it to the black bear monster, saying, "May you live for a thousand years!"

"Thank you!" the monster replied, "and you, please take the other pill for yourself." Guanyin picked up the pill and waited. The monster moved the large pill to his mouth. Suddenly the pill jumped into his mouth. Inside the monster, Sun Wukong returned to his original appearance. He hit the monster from the inside a few times, then flew out through the monster's nose. The monster fell to the ground. Guanyin changed back to her own appearance and grabbed the cassock. Then she put a magic headband on the monster, just like the one on Sun Wukong's head.

The monster stood up and started to pick up his sword. But Guanyin recited some magic words. The headband became very tight on the monster's head, and he fell down, crying in pain. Sun Wukong saw what Guanyin had done, and began to laugh loudly.

"Now, will you do as I say?" said Guanyin to the monster.

"Yes, I will. Please don't kill me!"

While the monster was on the ground, Sun Wukong moved to strike him with his rod. But Guanyin said, "Don't hurt him, I have a job for him."

"He is just a monster. What use could he be?" asked Sun Wukong.

"He is not just a monster. He can help me. I need someone to guard the back side of Potalaka Mountain. He is just right for the job." And then Guanyin touched the monster's head and told him that his new job was to serve her. The monster nodded his head but said nothing.

Turning to Sun Wukong, she said, "Now we are finished here. You must return to serve the Tang monk. And please, please don't cause any more trouble."

Sun Wukong bowed deeply to Guanyin, and left to return the cassock to his master. Guanyin returned to Potalaka Mountain, leading the bear monster. As she flew, bright colors surrounded her, and there was beautiful music in the air.

Now do you understand, my child? The things that you see depend on the thoughts in your mind. Sun Wukong likes to fight, so when he looked at the bear monster, he saw only a monster. But when Guanyin looked at the same monster, she saw someone who could become good.

Now it is time for sleep. Good night, my child. We will talk again tomorrow! I love you.

PROPER NAMES

These are all the Chinese proper names used in this book.

敖闰	Áo Rùn	Auron (a name)
補陀落伽	Bǔtuóluòjiā	Potalaka (a mountain)
长安	Cháng'ān	Chang'an (a city)
佛衣大会	Fú Yī Dàhuì	Feast of the Buddha Robe
光明神	Guāngmíng Shén	God of Light
广目	Guǎngmù	Guangmu (a name)
唐僧	Guānyīn	Guanyin (a name)
黑风洞	Hēi Fēng dòng	Black Wind Cave
黑风山	Hēi Fēng shān	Black Wind Mountain
黑暗神	Hēi'àn Shén	God of Darkness
花果山	Huā Guǒ shān	Flower Fruit Mountain
金箍棒	Jīn Gū Bàng	Golden Hoop Rod
金头卫士	Jīn Tóu Wèishì	Golden Headed Guardian
老君	Lǎo Jūn	Laozi (a name)
里社神社	Lǐshè Shénshè	Lishe Shrine
辟火罩	Pì Huǒ Zhào	Fire Repelling Cover
菩提祖师	Pútí Zǔshī	Master Subodhi (a name)
孙悟空	Sūn Wùkōng	Sun Wukong (a name)
唐僧	Tángsēng	Tangseng (a name)
鹰愁涧	Yīng Chóu Jiàn	Eagle Grief Creek
玉皇大帝	Yùhuáng Dàdì	Jade Emperor

GLOSSARY

These are all the Chinese words used in this book.

A blank in the "First Used" column means that the word is part of the standard 1200 word vocabulary for this series of books. A number indicates that the word is first used in that book in the series.

Chinese	Pinyin	English	First Used
啊	A	O, ah, what	
爱	ài	love	
爱上	ài shàng	to fall in love	
暗	àn	darkness	7
安静	ānjìng	quietly	
安全	ānquán	safety	
吧	ba	(particle indicating assumption or suggestion)	
拔	bá	to pull	
把	bǎ	(preposition introducing the object of a verb)	
把	bǎ	to bring, to get, to have it done	
把	bǎ	to hold	
把	bǎ	to put	
把	bǎ	(measure word)	
八	bā	eight	
爸爸	bàba	father	
白	bái	white	
百	bǎi	one hundred	
白天	báitiān	day, daytime	
半	bàn	half	
搬,搬动	bān, bān dòng	to move	

办法	bànfǎ	method	
棒	bàng	rod	
帮, 帮助	bang, bāngzhù	to help	
半夜	bànyè	midnight	
饱	bǎo	full	
包	bāo	package	
抱, 抱住	bào, bào zhù	to wrap, to hold, to carry	
报仇	bàochóu	revenge	
保护	bǎohù	to protect	
宝石	bǎoshí	gem	
宝座	bǎozuò	throne	
被	bèi	(passive particle)	
被	bèi	was being	
北	běi	north	
被迫	bèi pò	to force	
杯, 杯子	bēi, bēizi	cup	
笨	bèn	stupid	
本	běn	(measure word)	
本, 本来	běn, běnlái	originally	
闭	bì	close	
比	bǐ	compared to, than	
笔	bǐ	pen	
闭, 闭上	bì, bì shàng	to shut, to close up	
避, 避开	bì, bìkāi	to avoid	
变	biàn	to change	
边	biān	side	
变出	biàn chū	to create, to generate	
变回	biàn huí	to change back	
变成	biànchéng	to become	
边界	biānjiè	boundary	

别	bié	do not	
别人	biérén	others	
病	bìng	disease	
冰	bīng	ice	
陛下	bìxià	Your Majesty	
必须	bìxū	must, have to	
鼻子	bízi	nose	7
不	bù	no, not, do not	
簿	bù	ledger book	
不好	bù hǎo	not good	
不会	bú huì	cannot	
不会吧	bú huì ba	no way	
不可能	bù kěnéng	impossible	
不一样	bù yíyàng	different	
不早	bù zǎo	not early	
不久	bùjiǔ	not long ago, soon	
不能	bùnéng	can not	
不是	búshì	no	
不死	bùsǐ	not die (immortal)	
不同	bùtóng	different	
不想	bùxiǎng	do not want to	
不要	búyào	don't want	
不用	búyòng	no need to	
才	cái	only	
菜	cài	dish	
才会	cái huì	will only	
财富	cáifù	wealth	
彩虹	cǎihóng	rainbow	
才能	cáinéng	ability, talent	
参加	cānjiā	to participate	

蚕丝	cánsī	silk	
草	cǎo	grass	
草地	cǎodì	grassland	
层	céng	(measure word)	
茶	chá	tea	
插	chā	to insert	
叉	chā	fork	
长	cháng	long	
唱	chàng	to sing	
场	chǎng	(measure word)	
常常	chángcháng	often	
唱歌	chànggē	singing	
长生	chángshēng	longevity	
长生不老	chángshēng bùlǎo	immortality	
唱着	chàngzhe	singing	
沉	chén	to sink	
成	chéng	to make	
城, 城市	chéng, chéngshì	city	
成, 成为	chéng, chéngwéi	to become	
惩罚	chéngfá	punishment	
成绩	chéngjì	achievement	
丞相	chéngxiàng	prime minister	
尺	chǐ	Chinese foot	
吃, 吃饭	chī, chīfàn	to eat	
吃掉	chīdiào	to eat up	
吃着	chīzhe	eating	
虫子	chóngzi	insect(s)	
仇	chóu	hatred	
丑	chǒu	ugly	

出	chū	out	
船	chuán	boat	
穿	chuān	to wear	
穿上	chuān shàng	to put on	
床	chuáng	bed	
窗	chuāng	window	
船工	chuángōng	boatman	
创造	chuàngzào	to create	
穿着	chuānzhe	wearing	
出城	chūchéng	out of town	
厨房	chúfáng	kitchen	
吹	chuī	to blow	
吹起	chuī qǐ	to blow up	
出来	chūlái	to come out	
除了	chúle	except	
春, 春天	chūn, chūntiān	spring	
出去	chūqù	to go out	
出生	chūshēng	born	
出现	chūxiàn	to appear	
次	cì	next in a sequence	
次	cì	(measure word)	
从	cóng	from	
聪明	cōngmíng	clever	
聪明多了	cōngmíng duōle	smart enough	
从头到脚	cóngtóudàojiǎo	from head to foot	
粗	cū	broad, thick	
寸	cùn	Chinese inch	
村	cūn	village	
错	cuò	wrong	
大	dà	big	

打	dǎ	to hit, to play	
大打	dà dǎ	big fight	
大地	dà dì	the earth	
大喊	dà hǎn	to shout	
打坏	dǎ huài	to hit badly, to bash	
大叫	dà jiào	to shout	
大圣	dà shèng	great saint	
大宴	dà yàn	banquet	
打败	dǎbài	to defeat	
大臣	dàchén	minister, court official	
大帝	dàdì	emperor	
打斗	dǎdòu	fight	
大风	dàfēng	strong wind	
大海	dàhǎi	ocean	
大会	dàhuì	general assembly	
带	dài	band	
带	dài	to carry	
带回	dài huí	to bring back	
带上	dài shàng	bring with	
带走	dài zǒu	to take away	
带，带到	dài, dài dào	to bring	
带路	dàilù	lead the way	
带着	dàizhe	bringing	
戴着	dàizhe	wearing	
大家	dàjiā	everyone	
大将	dàjiàng	general, high ranking officer	
打开	dǎkāi	to open up	
大门	dàmén	door	
蛋	dàn	egg	
丹	dān	pill or tablet	

但, 但是	dàn, dànshì	but, however	
当	dāng	when	
当然	dāngrán	of course	
担心	dānxīn	to worry	
到	dào	to arrive	
到	dào	to, until	
道	dào	(measure word)	
道	dào	to say	
倒	dǎo	to fall	
刀	dāo	knife	
倒下	dǎo xià	to fall down	
到家	dàojiā	arrive home	
大人	dàrén	adult	
大声	dàshēng	loud	
大师	dàshī	grandmaster	
打算	dǎsuàn	to intend	
大王	dàwáng	king	
大仙	dàxiān	High Immortal	
大字	dàzì	big letters	
地	de	(adverbial particle)	
得	de	(particle after verb)	
的	de	of	
得	dé	(particle showing degree or possibility)	
得	dé	(posessive)	
的时侯	de shíhóu	while	
得, 得到	dé, dédào	to get	
的话	dehuà	if	
等, 等着	děng, děng zhe	to wait	
等到	děngdào	to wait until	

地	dì	ground, earth	
帝	dì	emperor	
第	dì	(prefix before a number)	
低	dī	low	
第二	dì èr	second	
第一	dì yī	first	
点	diǎn	point, hour	
店主	diànzhǔ	innkeeper, shopkeeper	
钓, 钓鱼	diào, diàoyú	to fish	
弟弟	dìdi	younger brother	
地方	dìfāng	local, place	
顶	dǐng	top	
地球	dìqiú	earth	
地上	dìshàng	on the ground	
低头	dītóu	head down	
地狱	dìyù	hell, underworld	
动	dòng	to move	
洞	dòng	cave	
东	dōng	east	
冬天	dōngtiān	winter	
动物	dòngwù	animal	
东西	dōngxi	thing	
都	dōu	all	
读, 读道	dú, dú dào	to read	
段	duàn	(measure word)	
锻炼	duànliàn	to exercise	
对	duì	towards	
对	duì	true, correct	
对骂	duì mà	to scold each other	
对...来说	duì...lái shuō	to or for someone	

对不起	duìbùqǐ	I am sorry	
对着	duìzhe	toward	
多	duō	many	
多长	duō cháng	how long?	
多久	duōjiǔ	how long	
多么	duōme	how	
多少	duōshǎo	how many?	
读书人	dúshūrén	student, scholar	
读着	dúzhe	reading	
肚子	dùzi	belly	
饿	è	hungry	
二	èr	two	
而是	ér shì	instead	
耳, 耳朵	ěr, ěrduo	ear	
而且	érqiě	and	
儿子	érzi	son	
发	fā	hair	
发出	fāchū	to send out	
法官	fǎguān	judge	
发光	fāguāng	glowing	
饭	fàn	rice	
反对	fǎnduì	oppose	
放	fàng	to put	
方	fāng	direction	
放回	fàng huí	to put back	
房, 房间	fáng, fángjiān	room	
房, 房子	fang, fángzi	house	
放弃	fàngqì	to give up, surrender	
放下	fàngxià	to put down	
方向	fāngxiàng	direction	

放心	fàngxīn	rest assured	
方丈	fāngzhàng	abbot	
饭碗	fànwǎn	rice bowl	
发现	fāxiàn	to find	
发着	fāzhe	emitting	
飞	fēi	to fly	
飞到	fēi dào	to fly over	
非常	fēicháng	very much	
飞过	fēiguò	to fly over	
份	fèn	(measure word)	
分	fēn	minute	
风	fēng	wind	
粉红色	fěnhóngsè	pink	
佛	fó, fú	buddha (title)	
佛法	fófǎ	Buddha's teachings	
佛祖	fózǔ	Buddha's teachings	
附近	fùjìn	nearby	
斧头	fǔtóu	ax	
感, 感到	gǎn, gǎndào	to feel	
刚	gāng	just	
钢	gāng	steel	
刚才	gāng cái	just a moment ago	
钢做的	gāng zuò de	made of steel	
干净	gānjìng	clean	
感觉	gǎnjué	to feel	
感谢	gǎnxiè	to thank	
高	gāo	tall, high	
告诉	gàosu	to tell	
高兴	gāoxìng	happy	
个	gè	(measure word)	

歌	gē	song	
哥哥	gēge	older brother	
给	gěi	to give	
根	gēn	(measure word)	
根	gēn	root	
跟	gēn	with	
跟	gēn	to follow	
更	gēng	watch (2-hour period)	
更, 更多	gèng, gèng duō	more	
宫, 宫殿	gōng, gōngdiàn	palace	
弓箭	gōngjiàn	bow and arrow	
工人	gōngrén	worker	
工作	gōngzuò	work, job	
股	gǔ	(measure word)	
箍	gū	ring or hoop	
拐杖	guǎizhàng	staff or crutch	
关	guān	to turn off	
棺材	guāncai	coffin	
光	guāng	light	
关心	guānxīn	concern	
关于	guānyú	about	
跪	guì	kneel	
贵	guì	expensive	
鬼, 鬼怪	guǐ, guǐguài	ghost	
贵重	guìzhòng	precious	
过	guò	(after verb, indicates past tense)	
过	guò	past, to pass	
果	guǒ	fruit	
国, 国家	guó, guójiā	country	
过来	guòlái	come	

过去	guòqù	to pass by	
果树	guǒshù	fruit tree	
国王	guówáng	king	
锅子	guōzi	pot	
故事	gùshì	story	
还	hái	still, also	
海	hǎi	ocean	
还有	hái yǒu	also have	
海边	hǎibiān	seaside	
害怕	hàipà	afraid	
还是	háishì	still is	
海中	hǎizhōng	in the sea	
孩子	háizi	child	
喊. 喊叫	hǎn, hǎnjiào	to shout	
行	háng	row or line	
喊叫着	hǎnjiàozhe	shouting	
喊着	hǎnzhe	shouting	
好	hǎo	good	
好吧	hǎo ba	ok	
好吃	hào chī	delicious	
好几天	hǎo jǐ tiān	a few days	
好了	hǎo le	all right	
好看	hǎokàn	good looking	
好像	hǎoxiàng	like	
和	hé	and, with	
河	hé	river	
鹤	hè	crane	
喝, 喝着	hē, hēzhe	to drink	
和…比	hé…bǐ	compare wtih	
黑	hēi	black	

很	hěn	very	
很多	hěnduō	a lot of	
很久	hěnjiǔ	long time	
和平	hépíng	peace	
和尚	héshang	monk	
喝着	hēzhe	drinking	
红, 红色	hóng, hóngsè	red	
后	hòu	after, back, behind	
猴, 猴子	hóu, hóuzi	monkey	
后来	hòulái	later	
后门	hòumén	back door	
后面	hòumiàn	behind	
画	huà	to paint	
话	huà	word, speak	
花	huā	flower	
划掉	huà diào	to cross out	
坏	huài	bad	
怀孕	huáiyùn	pregnant	
画家	huàjiā	painter	
还给	huán gěi	to give back	
黄, 黄色	huáng, huángsè	yellow	
皇帝	huángdì	emperor	
欢迎	huānyíng	welcome	
花园	huāyuán	garden	
回	huí	back	
会	huì	to be able	
会	huì	to meet	
会	huì	will	
慧	huì	intelligent	
挥	huī	to swat	

回到	huí dào	to come back	
回家	huí jiā	to return home	
回答	huídá	to reply	
毁坏	huǐhuài	to smash, to destroy	
回来	huílái	to come back	
回去	huíqù	to go back	
活	huó	to live	
火	huǒ	fire	
或, 或者	huò, huòzhě	or	
火炬	huǒjù	torch	
火盆	huǒpén	brazier	
火焰	huǒyàn	flame	
活着	huózhe	alive	
猢狲	húsūn	ape	
胡子	húzi	moustache	
极	jí	extremely	
几	jǐ	several	
鸡	jī	chicken	
记, 记住	jì, jì zhù	to remember	
加	jiā	plus	
家	jiā	family, home	
件	jiàn	(measure word)	
剑	jiàn	sword	
见, 见面	jiàn, jiànmiàn	to see, to meet	
检查	jiǎnchá	examination	
简单	jiǎndān	simple	
讲	jiǎng	to speak	
讲课	jiǎngkè	lecture	
见过	jiànguò	seen it	
叫	jiào	to call, to yell	

脚	Jiǎo	foot	
脚指	jiǎo zhǐ	toe	
教,教会	jiāo, jiāohuì	to teach	
叫做	jiàozuò	called	
级别	jíbié	level or rank	
记得	jìdé	to remember	
节	jié	festival	
借	jiè	to borrow	
接	jiē	to meet	
街道	jiēdào	street	
结婚	jiéhūn	to marry	
姐妹	jiěmèi	sisters	
节日	jiérì	festival	
介绍	jièshào	Introduction	
结束	jiéshù	end, finish	
季节	jìjié	season	
进	jìn	to enter	
紧	jǐn	tight, close	
金钢套	jīn gāng tào	gold steel armlet	
进进出出	jìn jìn chū chū	go in and out	
今晚	jīn wǎn	tonight	
金, 金子	jīn, jīnzi	gold	
筋斗云	jīndǒu yún	cloud somersault	
井	jǐng	frog	7
精	jīng	spirit	
经	jīng	through	
经常	jīngcháng	often	
经过	jīngguò	after, through	
经历	jīnglì	experience	
进来	jìnlái	to come in	

今天	jīntiān	today	
金星	jīnxīng	Venus	
就	jiù	just, right now	
旧	jiù	old	
久	jiǔ	long	
九	jiǔ	nine	
酒	jiǔ	wine, liquor	
就会	jiù huì	will be	
就要	jiù yào	about to, going to	
就这样	jiù zhèyàng	that's it, in this way	
酒店	jiǔdiàn	hotel	
就是	jiùshì	just is	
继续	jìxù	to continue	
纪元	jìyuán	era, epoch	
举	jǔ	to lift	
嚼	jué	to chew	
觉得	juédé	to feel	
决定	juédìng	to decide	
觉悟	juéwù	enlightenment	
鞠躬	jūgōng	to bow down	
咀嚼	jǔjué	to chew	
军队	jūnduì	army	
举行	jǔxíng	to hold	
句子	jùzi	sentence	
开	kāi	to open	
开门	kāimén	open the door	
开始	kāishǐ	to start	
开心	kāixīn	happy	
开着	kāizhe	being open	
砍	kǎn	to cut	

看不见	kàn bùjiàn	look but can't see	
看, 看着	kàn, kànzhe	to look	
看到	kàndào	to see	
看见	kànjiàn	to see	
看了看	kànlekàn	to take a look	
看起来	kànqǐlái	looks like	
烤	kǎo	to bake	
考试	kǎoshì	examination	
渴	kě	thirsty	
棵	kē	(measure word)	
颗	kē	(measure word)	
可能	kěnéng	maybe	
可怕	kěpà	frightening	
客人	kèrén	guests	
可以	kěyǐ	can	
空	kōng	air, void, emptiness	
口	kǒu	(measure word)	
口	kǒu	mouth	
库	kù	warehouse	
哭声	kū shēng	a crying sound	
哭, 哭着	kū, kūzhe	to cry	
块	kuài	(measure word)	
快	kuài	fast	
快乐	kuàilè	happy	
快要	kuàiyào	coming soon	
宽	kuān	width	
盔甲	kuījiǎ	armor	
捆住	kǔn zhù	to tie up	
哭着	kūzhe	crying	
拉	lā	to pull down	

来	lái	to come	
来到	lái dào	came	
来说	lái shuō	for example	
来自	láizì	from	
蓝	lán	blue	
狼	láng	wolf	7
栏杆	lángān	railing	
老	lǎo	old	
老虎	lǎohǔ	tiger	
老话	lǎohuà	old saying	
老师	lǎoshī	teacher	
老死	lǎosǐ	die of old age	
了	le	(indicates completion)	
乐	lè	fun	
雷电	lédiàn	lightning	
累	lèi	tired	
雷声	léi shēng	thunder	
冷	lěng	cold	
离	lí	from	
立	lì	stand	
里	lǐ	Chinese mile	
里	lǐ	inside	
连	lián	to connect	
脸	liǎn	face	
连在一起	lián zài yìqǐ	connected together	
亮	liàng	bright	
两	liǎng	two	
练习	liànxí	to exercise	
厉害	lìhài	amazing	
厉害	lìhài	powerful	

离开	líkāi	to go away	
里面	lǐmiàn	inside	
另	lìng	another	
灵魂	línghún	soul	
邻居	línjū	neighbor	
六	liù	six	
留, 留下	liú, liú xià	to stay	
流, 流向	liú, liúxiàng	to flow	
留下	liúxià	to keep, to leave behind, to remain	
礼物	lǐwù	gift	
龙	lóng	dragon	
龙王	lóngwáng	dragon king	
楼	lóu	floor	
路	lù	road	
鹿	lù	deer	
绿	lǜ	green	
轮	lún	wheel	
路上	lùshàng	on the road	
旅途	lǚtú	journey	
吗	ma	(indicates a question)	
骂	mà	to scold	
马	mǎ	horse	
麻烦	máfan	trouble	
卖	mài	to sell	
买	mǎi	to buy	
妈妈	māma	mother	
慢	màn	slow	
忙	máng	busy	
满意	mǎnyì	satisfy	

猫	māo	cat	
帽, 帽子	mào, màozi	hat	
毛笔	máobǐ	writing brush	
毛发	máofà	hair	
马上	mǎshàng	immediately	
没	méi	not	
每	měi	every	
美	měi	handsome, beautiful	
没问题	méi wèntí	no problem	
每一家	měi yìjiā	every family	
没关系	méiguānxì	it's ok, no problem	
美好	měihǎo	beautiful	
美丽	měilì	beautiful	
没事	méishì	nothing, no problem	
每天	měitiān	every day	
没有	méiyǒu	don't have	
没有用	méiyǒu yòng	useless	
们	men	(indicates plural)	
门	mén	door	
梦	mèng	dream	
米	mǐ	rice	
面	miàn	side	
面对面	miànduìmiàn	face to face	
面前	miànqián	in front	
庙	miào	temple	
灭	miè	to put out (a fire)	7
米饭	mǐfàn	cooked rice	
秘密	mìmi	secret	
明	míng	bright	
名, 名字	míng, míngzì	name	

明白	míngbái	to understand	
明天	míngtiān	tomorrow	
墨	mò	ink	
魔, 魔法	mó, mófǎ	magic	
魔鬼	móguǐ	devil	
木头	mù tou	wood	
木板	mùbǎn	plank, board	
拿	ná	to take	
那	nà	that	
拿出	ná chū	to take out	
那次	nà cì	that time	
拿到	ná dào	taken	
拿开	ná kāi	to take away	
拿来	ná lái	to bring	
拿起	ná qǐ	to pick up	
拿起来	ná qǐlái	pick up	
那时候	nà shíhòu	at that time	
拿下	ná xià	remove	
拿走	ná zǒu	take away	
哪, 哪儿	nǎ, nǎ'er	where?	
那个	nàgè	that one	
奶奶	nǎinai	grandmother	
那里	nàlǐ	there	
哪里	nǎlǐ	where?	
那么	nàme	so then	
南	nán	south	
男	nán	male	
难	nán	difficult	
南瓜	nánguā	pumpkin	
男孩	nánhái	boy	

175

男人	nánrén	man	
那天	nàtiān	that day	
那些	nàxiē	those	
那样	nàyàng	that way	
拿着	názhe	holding it	
呢	ne	(indicates question)	
能	néng	can	
你	nǐ	you	
你好	nǐ hǎo	hello	
年	nián	year	
念	niàn	read	
念佛	niànfó	to practice Buddhism	
年纪	niánjì	age	
年龄	niánlíng	age	
年轻	niánqīng	young	
尿	niào	urine	
鸟	niǎo	bird	
您	nín	you (respectful)	
牛	niú	cow	
怒	nù	angry	
女	nǚ	female	
女儿	nǚ'ér	daughter	
爬	pá	to climb	
怕	pà	afraid	
拍	pāi	to smack	
拍手	pāishǒu	to clap hands	
牌子	páizi	sign	
胖	pàng	fat	
旁边	pángbiān	next to	
盘子	pánzi	plate	

泡	pào	bubble	
跑	pǎo	to run	
盆	pén	pot	
棚屋	péng wū	hut, shack	
朋友	péngyǒu	friend	
皮	pí	leather, skin	
匹	pǐ	(measure word)	
辟火罩	Pì Huǒ Zhào	Fire Repelling Cover	7
漂	piāo	to drift	
漂亮	piàoliang	beautiful	
屁股	pìgu	Butt, rear end	7
瓶, 瓶子	píng, píngzi	bottle	
瀑布	pùbù	waterfall	
仆人	púrén	servant	
菩萨	púsà	bodhisattva, buddha	
葡萄酒	pútáojiǔ	wine	
普通	pǔtōng	ordinary	
其	qí	its	
棋	qí	chess	
骑	qí	to ride	
气	qì	gas, air, breath	
起	qǐ	from, up	
七	qī	seven	
前	qián	in front	
钱	qián	money	
千	qiān	thousand	
千山万水	qiān shān wàn shuǐ	thousands of miles	
前一天	qián yītiān	the day before	
墙	qiáng	wall	7

强大	qiángdà	powerful	
强盗	qiángdào	bandit	
前面	qiánmiàn	in front	
桥	qiáo	bridge	
起床	qǐchuáng	to get up	
旗杆	qígān	flagpole	
奇怪	qíguài	strange	
起来	qǐlái	(after verb, indicates start of an action)	
起来	qǐlái	to stand up	
亲爱	qīn'ài	dear	
请	qǐng	please	
轻	qīng	lightly	
轻风	qīng fēng	soft breeze	
轻声	qīng shēng	speak softly	
情况	qíngkuàng	situation	
青蛙	qīngwā	well	7
请问	qǐngwèn	excuse me	
其实	qíshí	in fact	
其他	qítā	other	
球	qiú	ball	
秋, 秋天	qiū, qiūtiān	autumn	
旗子	qízi	flag	
妻子	qīzi	wife	
去	qù	to go	
去过	qùguò	have been to	
群	qún	group or cluster	
去年	qùnián	last year	
让	ràng	to let, to cause	
然后	ránhòu	then	

热	rè	hot	
人	rén	person, people	
认出	rèn chū	recognize	
认为	rèndé	to believe	
扔	rēng	to throw	
任何	rènhé	any	7
人间	rénjiān	human world	
人们	rénmen	people	
认识	rènshì	to know someone	
认真	rènzhēn	serious	
容易	róngyì	easy	
荣誉	róngyù	honor	
肉	ròu	meat	
入	rù	into	
如果	rúguǒ	if, in case	
三	sān	three	
卅	sānshí	thirty (ancient word)	
色	sè	(indicates color)	
僧, 僧人	sēng, sēngrén	monk	
森林	sēnlín	forest	
杀	shā	to kill	
山	shān	mountain	
山脚下	shān jiǎoxià	at the foot of the mountain	
山顶	shāndǐng	mountaintop	
山洞	shāndòng	cave	
上	shàng	on, up	
伤到	shāng dào	to hurt	
上一次	shàng yīcì	last time	
商店	shāngdiàn	store	
伤害	shānghài	to hurt	

上课	shàngkè	go to class	
上面	shàngmiàn	above	
上去	shàngqù	to go up	
上山	shàngshān	up the mountain	
上天	shàngtiān	heaven	
伤心	shāngxīn	sad	
山上	shānshàng	on mountain	
少	shǎo	less	
烧	shāo	to burn	
蛇	shé	snake	
深	shēn	deep	
神, 神仙	shén, shénxiān	spirit, god	
身边	shēnbiān	around	
圣	shèng	sage	
声, 声音	shēng, shēngyīn	sound	
生病	shēngbìng	sick	
生活	shēnghuó	life, to live	
生命	shēngmìng	life	
生气	shēngqì	angry	
圣人	shèngrén	saint, holy sage	
生日	shēngrì	birthday	
圣僧	shèngsēng	senior monk	
生物	shēngwù	animal, creature	
绳子	shéngzi	rope	
什么	shénme	what?	
神奇	shénqí	magic	
身上	shēnshàng	on one's body	
身体	shēntǐ	body	
神仙	shénxiān	immortal	
十	shí	ten	

时	shí	time	
是	shì	is, yes	
试	shì	to taste, to try	
诗	shī	poetry	
是不是	shì búshì	is or is not?	
时来时去	shí lái shí qù	come and go	
试试	shì shì	to try	
十万	shí wàn	one hundred thousand	
石箱	shí xiāng	stone box	
是, 是的	shì, shìde	yes	
事, 事情	shì, shìqing	thing	
石, 石头	shí, shítou	stone	
食, 食物	shí, shíwù	food	
师父	shīfu	master	
诗歌	shīgē	poetry	
时候	shíhòu	time, moment, period	
时间	shíjiān	time, period	
世界	shìjiè	world	
尸体	shītǐ	corpse	
侍卫	shìwèi	guard	
瘦	shòu	thin	
手	shǒu	hand	
首	shǒu	(measure word)	
手中	shǒu zhōng	in hand	
受伤	shòushāng	injured	
手指	shǒuzhǐ	finger	
束	shù	bundle	
树	shù	tree	
书	shū	book	
输	shū	to lose	

双	shuāng	(measure word)	
双	shuāng	a pair	
霜	shuāng	frost	
舒服	shūfu	comfortable	
谁	shuí	who	
睡	shuì	to sleep	
水	shuǐ	water	
睡不着	shuì bùzháo	can't sleep	
水果	shuǐguǒ	fruit	
睡觉	shuìjiào	to go to bed	
睡着	shuìzháo	asleep	
睡着	shuìzhe	sleeping	
树林	shùlín	forest	
树木	shùmù	trees	
说	shuō	to say	
说不出话	shuō bu chū huà	speechless	
说完	shuō wán	finish telling	
说, 说话	shuō, shuōhuà	to speak	
说过	shuōguò	said	
舒适	shūshì	comfortable	
四	sì	four	
寺	sì	temple	
死	sǐ	dead	
丝	sī	silk thread	
思	sī	to think	
死去	sǐqù	die	
死去的	sǐqù de	dead	
四周	sìzhōu	around	
送, 送给	sòng, sòng gěi	to give a gift	
素	sù	vegetable	

岁	suì	years of age	
虽然	suīrán	although	
锁	suǒ	to lock	7
所以	suǒyǐ	so, therefore	
所有	suǒyǒu	all	
塔	tǎ	tower	
他	tā	he, him	
她	tā	she, her	
它	tā	it	
抬	tái	to lift	
太	tài	too	
太多	tài duō	too much	
抬头	táitóu	to look up	
太阳	tàiyáng	sunlight	
他们	tāmen	they (male)	
她们	tāmen	they (female)	
谈	tán	to talk	
糖	táng	sugar	
汤	tāng	soup	
套	tào	armlet, loop	
桃, 桃子	táo, táozi	peach	
逃跑	táopǎo	to escape	
淘气	táoqì	naughty	
特别	tèbié	special	
剃	tì	to shave	
甜	tián	sweet	
舔	tiǎn	to lick	
天	tiān	day, sky	
天法	tiān fǎ	heaven's law	
天地	tiāndì	heaven and earth	

天宫	tiāngōng	palace of heaven	
天气	tiānqì	weather	
天上	tiānshàng	heaven	
天下	tiānxià	under heaven	
条	tiáo	(measure word)	
跳	tiào	to jump	
跳起来	tiào qǐlái	to jump up	
跳入	tiào rù	to jump in	
跳出	tiàochū	to jump out	
跳舞	tiàowǔ	to dance	
跳着	tiàozhe	dancing	
铁	tiě	iron	
铁桥	tiě qiáo	iron bridge	
听	tīng	to listen	
听到	tīng dào	heard	
听说	tīng shuō	it is said that	
同	tóng	same	
铜	tóng	copper	
痛	tòng	pain	
铜水	tóng shuǐ	liquid copper	
痛苦	tòngkǔ	suffering	
同意	tóngyì	to agree	
头	tóu	head	
头发	tóufà	hair	
吐	tǔ	to spit out	
土	tǔ	dirt	
徒弟	túdì	apprentice	
土地	tǔdì	land	
土地神	tǔdì shén	local earth spirit	
推	tuī	to push	

184

拖	tuō	to drag	
脱	tuō	to remove (clothing)	
突然	tūrán	suddenly	
外	wài	outside	
外公	wàigōng	maternal grandfather	
外面	wàimiàn	outside	
完	wán	to finish	
玩	wán	to play	
万	wàn	ten thousand	
晚	wǎn	late, night	
碗	wǎn	bowl	
弯	wān	to bend	
晚些时候	wǎn xiē shíhòu	later	
晚安	wǎn'ān	good night	
完成	wánchéng	to complete	
晚春	wǎnchūn	late spring	
弯刀	wāndāo	scimitar, machete	
晚饭	wǎnfàn	dinner	
王	wáng	king	
往	wǎng	to	
网	wǎng	net, network	
忘, 忘记	wàng, wàngjì	to forget	
晚上	wǎnshàng	evening	
玩着	wánzhe	playing	
为	wèi	for	
位	wèi	(measure word)	
尾巴	wěibā	tail	
未来	wèilái	future	
为了	wèile	in order to	
为什么	wèishénme	why	

危险	wēixiǎn	danger	
问	wèn	to ask	
闻,闻到	wén, wéndào	smell	
文书	wénshū	written document	
问题	wèntí	question, problem	
我	wǒ	I, me	
我的	wǒ de	mine	
我们	wǒmen	we, us	
悟	wù	understanding	
五	wǔ	five	
舞	wǔ	to dance	
无法无天	wúfǎwútiān	lawless	
巫婆	wūpó	witch	7
武器	wǔqì	weapon	
无用	wúyòng	useless	
洗	xǐ	to wash	
西	xī	west	
吸	xī	to suck, to absorb	
溪	xī	stream	
下	xià	down, under	
下棋	xià qí	play chess	
下雨	xià yǔ	rain	
下来	xiàlái	down	
下面	xiàmiàn	underneath	
仙	xiān	immortal, celestial being	
先, 先是	xiān, xiānshì	first	
像	xiàng	like	
像	xiàng	to resemble	
向	xiàng	towards	
想	xiǎng	to want, to miss, to think of	

箱	xiāng	box	
香	xiāng	fragrant	
向下抓	xiàng xià zhuā	to grab downward	
想要	xiǎng yào	to want	
想, 想着	xiǎng, xiǎngzhe	to miss, to think	
乡村	xiāngcūn	rural	
想到	xiǎngdào	to think	
想法	xiǎngfǎ	thought	7
想起	xiǎngqǐ	to recall	
向上	xiàngshàng	upwards	
相信	xiāngxìn	to believe, to trust	
鲜花	xiānhuā	fresh flowers	
仙女	xiānnǚ	fairy, female immortal	
先生	xiānshēng	mister	
现在	xiànzài	just now	
笑	xiào	to laugh	
小	xiǎo	small	
小的时候	xiǎo de shíhòu	when was young	
小名	xiǎo míng	nickname	
小孩	xiǎohái	child	
小河	xiǎohé	small river	
笑了起来	xiàole qǐlái	laughed	
小时	xiǎoshí	hour	
小心	xiǎoxīn	to be careful	
笑着	xiàozhe	smiling	
小字	xiǎozì	small print	
夏天	xiàtiān	summer	
下午	xiàwǔ	afternoon	
谢	xiè	to thank	
写	xiě	to write	

些	xiē	some	
鞋, 鞋子	xié, xiézi	shoe	
谢谢	xièxie	thank you	
写着	xiězhe	written	
喜欢	xǐhuān	to like	
信	xìn	letter	
心	xīn	heart	
新	xīn	new	
新来的	xīn lái de	newcomer	
行	xíng	to travel	
姓	xìng	surname	
星	xīng	star	
醒, 醒来	xǐng, xǐng lái	to wake up	
幸福	xìngfú	happy	
行李	xínglǐ	baggage	
星期	xīngqí	week	
性子	xìngzi	temper	
心跳	xīntiào	heartbeat	
心愿	xīnyuàn	wish	
熊	xióng	bear	
胸	xiōng	chest	
兄弟	xiōngdì	brother	
绣	xiù	embroidered	
休息	xiūxí	to rest	
希望	xīwàng	to hope	
洗澡	xǐzǎo	to bathe	
选	xuǎn	to select	
许多	xǔduō	many	
血	xuè	blood	
雪	xuě	snow	

学, 学习	xué, xuéxí	to learn	
学会	xuéhuì	to learn	
学生	xuéshēng	student	
学校	xuéxiào	school	
学着	xuézhe	learning	
需要	xūyào	to need	
牙	yá	tooth	
沿	yán	along	
烟	yān	smoke	7
羊	yáng	sheep	
养	yǎng	to support	
养育	yǎngyù	nurture	
样子	yàngzi	to look like, appearance	
宴会	yànhuì	banquet	
眼睛	yǎnjīng	eye(s)	
颜色	yánsè	color	
药	yào	medicine	
要	yào	to want	
咬	yǎo	to bite, to sting	
腰	yāo	waist, small of back	
妖仙	yāo xiān	immortal demon	
要饭	yàofàn	to beg	
妖怪	yāoguài	monster	
要求	yāoqiú	to request	
叶	yè	leaf	
夜	yè	night	
页	yè	page	
也	yě	also	
夜里	yèlǐ	at night	
也是	yěshì	also too	

爷爷	yéye	paternal grandfather	
一	yī	one	
一百多种	yì bǎi duō zhǒng	hundreds of kinds	
一开始	yì kāishǐ	at the beginning	
一下	yí xià	a short, quick action	
衣, 衣服	yī, yīfu	clothes	
一百多年	yìbǎi duō nián	a century or so	
一般	yìbān	commonly	
一边	yìbiān	on the side	
一次	yícì	once	
一点, 一点儿	yìdiǎn, yì diǎn er	a little	
一定	yídìng	for sure	
一共	yígòng	altogether	
以后	yǐhòu	after	
一会儿	yīhuǐ'er	for a little while	
已经	yǐjīng	already	
一块	yíkuài	piece	
一路	yílù	throughout a journey	
一面	yímiàn	one side	
银	yín	silver	
赢	yíng	to win	
鹰	yīng	hawk	
应该	yīnggāi	should	
隐士	yǐnshì	hermit	
因为	yīnwèi	because	
音乐	yīnyuè	music	
一起	yìqǐ	together	
以前	yǐqián	before	
医生	yìshēng	doctor	

一生	yīshēng	lifetime	
意思	yīshēng	meaning	
一天	yìsi	one day	
一下	yìtiān	a little bit	
一些	yíxià	some	
一样	yìxiē	same	
一直	yìzhí	always	
椅子	yǐzi	chair	
用	yòng	to use	
油	yóu	oil	
游	yóu	to swim, to tour	
又	yòu	also	
右	yòu	right	
有	yǒu	to have	
忧	yōu	worry	
有没有	yǒu méiyǒu	have or don't have	
又是	yòu shì	again	
有一天	yǒu yìtiān	one day	
游走	yóu zǒu	to walk around	
有点	yǒudiǎn	a little bit	
游过	yóuguò	to swim across/through	
友好	yǒuhǎo	friendly	
有力	yǒulì	powerful	
有名	yǒumíng	famous	
有人	yǒurén	someone	
有事	yǒushì	has something	
游戏	yóuxì	game	
有些	yǒuxiē	some	
有意思	yǒuyìsi	Interesting	
游泳	yóuyǒng	swim	

有用	yǒuyòng	useful	
鱼	yú	fish	
语	yǔ	language	
雨	yǔ	rain	
遇, 遇到	yù, yùdào	encounter, meet	
园	yuán	garden	
远	yuǎn	far	
园工	yuán gōng	garden worker	
原谅	yuánliàng	to forgive	
愿意	yuànyì	willing	
越	yuè	more	
月, 月亮	yuè, yuèliang	moon	
月光	yuèguāng	moonlight	
愉快	yúkuài	happy	
云	yún	cloud	
再	zài	again	
在	zài	in, at	
再一次	zài yícì	one more time	
再次	zàicì	once again	
再见	zàijiàn	goodbye	
脏	zāng	dirty	
造	zào	to make	
早	zǎo	early	
早饭	zǎofàn	breakfast	
早上	zǎoshàng	morning	
怎么	zěnme	how	
怎么办	zěnme bàn	how to do	
怎么样	zěnme yàng	how about it?	
怎么了	zěnmele	what happened	
怎样	zěnyàng	how	

眨	zhǎ	to blink	
摘	zhāi	to pick	
站	zhàn	to stand	
战斗	zhàndòu	to fight	
长	zhǎng	grow	
张	zhāng	(measure word)	
长大	zhǎng dà	to grow up	
张开	zhāng kāi	open	
丈夫	zhàngfu	husband	
站住	zhànzhù	stop	
照	zhào	according to	
找	zhǎo	to search for	
找不到	zhǎo bú dào	search but can't find	
找到	zhǎodào	found	
照顾	zhàogù	to take care of	
找过	zhǎoguò	have looked for	
着	zhe	(aspect particle)	
着	zhe	with	
这	zhè	this	
这次	zhè cì	this time	
这是	zhè shì	this is	
这位	zhè wèi	this one	
这一次	zhè yīcì	this time	
这儿	zhè'er	here	
这个	zhège	this one	
这里	zhèlǐ	here	
这么	zhème	such	
阵	zhèn	(measure word)	
枕	zhěn	pillow	
针	zhēn	needle	

193

真, 真的	zhēn, zhēn de	really!	
正, 正在	zhèng, zhèngzài	(-ing)	
正好	zhènghǎo	just right	
针灸师	zhēnjiǔ shī	acupuncturist	
真相	zhēnxiàng	the truth	
珍珠	zhēnzhū	pearl	
这些	zhèxiē	these	
这样	zhèyàng	such	
直	zhí	straight	
只	zhǐ	only	
指	zhǐ	to point	
纸	zhǐ	paper	
支	zhī	(measure word)	
枝	zhī	branch	
只能	zhǐ néng	can only	
智, 智慧	zhì, zhìhuì	wisdom	
直到	zhídào	until	
知道	zhīdào	to know something	
只是	zhǐshì	just	
只要	zhǐyào	as long as	
只有	zhǐyǒu	only	
侄子	zhízi	nephew	
重	zhòng	heavy	
众	zhòng	(measure word)	
种	zhǒng	(measure word)	
种	zhǒng	species	
中	zhōng	in	
中国	zhōngguó	China	
中间	zhōngjiān	middle	
重要	zhòngyào	important	

终于	zhōngyú	at last	
洲	zhōu	continent	
州长	zhōuzhǎng	governor	
住	zhù	to live	
主	zhǔ	lord	
住在	zhù zài	to live at	
抓起来	zhuā qǐlái	catch up	
抓, 抓住	zhuā, zhuā zhù	to arrest, to grab	
幢	zhuàng	(measure word)	
状元	zhuàngyuán	champion, first place winner	
转身	zhuǎnshēn	turned around	
爪子	zhuǎzi	claws	7
准备	zhǔnbèi	ready, prepare	
桌, 桌子	zhuō, zhuōzi	table	
主人	zhǔrén	host, master	
注意	zhùyì	pay attention to	
主意	zhǔyì	idea	
字	zì	written character	
紫	zǐ	purple	
字牌	zì pái	a sign with words	
自己	zìjǐ	oneself	
自己的	zìjǐ de	my own	
总是	zǒng shì	always	
走	zǒu	to go, to walk	
走错	zǒu cuò	to walk the wrong way	
走近	zǒu jìn	to approach	
走开	zǒu kāi	go away	
走出	zǒuchū	to go out	
走动	zǒudòng	to walk around	
走路	zǒulù	to walk down a road	

走向	zǒuxiàng	to walk to	
钻石	zuànshí	diamond	
最	zuì	the most, the best	
醉	zuì	drunk	
嘴	zuǐ	mouth	
最后	zuìhòu	at last, final	
最近	zuìjìn	recently	
座	zuò	(measure word)	
坐	zuò	to sit	
做	zuò	to do	
左	zuǒ	left	
做得对	zuò dé duì	did it right	
昨天	zuótiān	yesterday	
祖师	zǔshī	founder, great teacher	

ABOUT THE AUTHORS

Jeff Pepper (author) is President and CEO of Imagin8 Press, and has written dozens of books about Chinese language and culture. Over his thirty-five year career he has founded and led several successful computer software firms, including one that became a publicly traded company. He's authored two software related books and was awarded three U.S. patents.

Dr. Xiao Hui Wang (translator), has an M.S. in Information Science, an M.D. in Medicine, a Ph.D. in Neurobiology and Neuroscience, and 25 years experience in academic and clinical research. She has taught Chinese for over 10 years and has extensive experience in translating Chinese to English and English to Chinese.

Made in the USA
Coppell, TX
01 August 2021

59784930R10108